JN409030

조각보를 깁다

홍 영 숙 시집

시와사람

홍영숙 시집

조각보를 깁다

2022년 12월 3일 인쇄
2022년 12월 8일 발행

지은이 | 홍 영 숙
펴낸이 | 강 경 호
인쇄·기획 | 도서출판 시와사람
등 록 | 1994년 6월 10일 제 05- 01- 0155호
주 소 | 광주시 동구 양림로119번길 21- 1(학동)
전 화 | (062)224- 5319
팩 스 | (062)225- 5319
E- mail | jcapoet@hanmail.net

ISBN 978-89-5665-659-5 03810

값 12,000원

· 지은이와의 협의로 인지를 붙이지 않습니다.

공급처 ■ 한국출판협동조합
경기도 파주시 탄현면 오금로 30
주문전화 (02)716- 5616, 070- 7119- 1740

조각보를 깁다

■시인의 말

미완의 시를 풀면서

상처 나고 해진 곳 덧대고 덧대어서
덧댈수록 아름다워지는 조각보 같은 꽃밭은
하루에도 몇 번씩 이지러지다 차오르기를 몇 번

시의 추억은 속살 같이 떠나지 않았고
그리움으로 오는 시심은
아릿한 유년의 기억까지 붙들더니
푸릇한 움을 틔우며
오히려 나를 다독여 주었습니다

엄마 웃는 얼굴이 좋다는 아이들에게
"가족이 곁에 있어서 행복했다고
그래서 시를 쓰는 시간은 참 행복했다고
세상 길에서 만난 인연들이 좋은 사람들이어서
감사하다고"

이제 미완의 시 보따리를 풀어내니
참으로 어깨가 가벼워집니다

육십 계단 오르며 첫 시집 내던 날
칠십 계단 밟으면 두 번째 시집을 내기로 한
스스로의 약속을 지키려 부족한 시를 모읍니다

서인당 호를 내려주신 문병란 은사님
홍그레 별칭을 내려주신 한상렬 목사님
유나, 예나가 불러주는 할머니 호칭은
꽃보다 더 깊은 발자국 찍으며
제 몸에 길을 냅니다

그 길 따라서 끊임없이
한 줌 향기 같은 시를 줍겠습니다

화정동에서 홍영숙
2022.12.

2 맹물이 꽃을 피운다

3 어머니의 골무

4 마침표 없는 오월

|해설|

1

쉽게 꺾지 마

새

청춘만이 날아오르는 새가 아니다

한순간 날아오른 날갯짓
움켜쥔 시간 활짝 펴고 창공을 유영한다

아득히 벌판을 날아다니다가
지나온 화첩 넘길 틈도 없었다

새 한 마리
허용된 공간에 가두는 파적의 하늘인가
힘차게 날다가 날개가 꺾이고 추락하다가도

다시 불더미 같은 지상을 딛고 오르는
날갯짓은 반복의 순환이다

아득한 만 리 하늘길
날아오르는 것은 청춘만이 아니다

조각보를 깁다

텃밭을 가로지르는 산책길
짜투리 땅도 본을 뜬다
한 땀 한 땀 노루발 따라
자수 놀이하듯

노란 유채 꽃불이 심지 돋우면
상추 배추 파 고추 모종들이
형형색색 조각보로 이어진다

능선에서 바라보니
아득한 여백이 짜맞춘 퍼즐처럼
이제야 아물었다
모반 위에 오곡밥 덮어놓은 듯한 상차림
산동네는 모자이크 비단길이다

누덕누덕 내 생도
조각보 하나 이으며 여기까지 왔나
한 생을 누벼온 종종 발걸음에
엇박자 길 끼워서 넣었지
덧댈수록 아름답다는 조각보
벚꽃도 피고 패랭이꽃도 피어난다

시가 된 구두

반쯤 하품 머금은 채
밝아오는 동녘 하늘 빗장을 풀고
일터로 향하는
낡은 아버지의 구두

대인교차로 오거리
창문이 시詩로 도배된 구두수선 집

세찬 흙바람에 지친 신발들
아픈 곳 매만지는 손길은
구절구절 평온하다
뒤틀린 뒤축은 연 갈이 해주고
감쪽같이 균형 맞추어주는 행 한 줄

덜컥 맨몸 무너져 수선된 구두는
시詩의 바다에 누워 휴식 중이다
윤기 도는 얼굴
검게 빛나는 생기 도는 몸짓

낮은 손길로 구두 깁고 닦는 마음
상처 아문 자리에 시 한 편
아버지의 구두처럼 낡은 구두가
검은 서정으로 반짝인다

장독대

고향집 종부는
뚜껑 일일이 열어보지 않아도
밥상 뚝딱 차렸다는데
이제는 죽통 같은 빈 항아리뿐
헛헛한 바람만 머물다 간다

섬진강변 매화길 따라 농원에서 만난
이천오백여 개의 장독들
천불전 부처님들처럼 묵언수행이다
그것은 하나의 사원
웬만한 투정은 둥그런 배로 다 삼켜버린 채
묵은 향기가 향불처럼 은은하다

열어보고 싶은 봉함편지처럼
아무 일 없다는 듯 점점 숙성되는
시간을 비켜선 적요한 경전들

쉽게 꺾지 마

열 번 울고도 마르지 않는
꺾인 자리

저기
불이 타다 남은 자리
잡목 그늘 사이 햇살에 함초롬하게
잡초 비집고 고개를 내미는 너

처음으로 톡 꺾어본 순간
줄기보다 더 긴 뿌리의 전율을 느낀다

나중에야 알았다
땅속에 묻어둔 너의 불면을 깨우며 또 자란다는 것
꺾인 자리에서
아홉 번 피고 지는 아픔 딛고 자란다는 것을

하늘 향한 곧은 줄타기는 무엇을 움켜쥐려나
세상 중심에서 또 다른 희망으로 서서
다시 일어서는 고사리의 투혼

호수에 가면

호수는 하늘을 껴안고
어제 벗은 허물을 말갛게 헹구고 있다

바람의 리듬을 손잡고
윤슬 맥박은 맑은 슬픔 불러내더니
누구의 속울음 흔들며 투망질 하는가

문득 허공을 가르고 날아온 새 한 마리
반짝이는 물방울에
생각은 별세계 누비는데
아파트 숲 건너온 햇살은 온몸이 귀가 되어
물의 사연 듣느라 찬란한 몰두로 눕는다

빈손 쉬엄쉬엄 걸어보는 둘레길
이따금 들려오는 웃음소리는 물수제비 꽃으로 피어나고
웅크린 목마름을 은빛 안개가 다독인다

하눌타리

햇볕 무더기에
담벼락 힘차게 차오르는 하늘수박

하얀 곱슬머리 꽃이파리 내밀며
별꽃 문양 같은 그물 짜는 사이
꽃송이 아랫배 노랗게 익어 가는데
햇빛과 바람과 비의 기운이
서너 첩 들어 있다

하늘을 나는 동안
순교자처럼 심장은 단단해지고
약초 찾는 발걸음들 높이 날 때마다
황금 열매 망태기도 한껏 차오른다

짐짓 보타지다가 약 단지 속에 들면
새로이 일으켜 세우는 굳센 의지
오늘은 또 누구의 쇠잔한 기운을 일으켜 세울까

젊음을 푸르게 채우던 시절처럼
방전된 배터리를 하늘수박으로 충전 중이다

세한도

화선지에 쏟아진 풍경
유배지의 눈은 녹지 않는다

노을 따라 북녘을 과녁 삼자니
가족의 얼굴이 앞서 다가오고
숭숭 뚫어진 빈 가슴으로
겨누는 활시위는 달을 향하니
시름시름 달이 쪼개져 작아지는구나

말은 침묵으로 굳어져 검은 먹이 되고
가시 울타리 밑에서 수선화 꽃이 진다

낯선 곳에서도 화로 불씨 꺼질 줄 모르고
세월 흘러도 날릴 줄 모르는 흰 잿가루
별빛 피어난 솔향이 쏟아진다

탱자나무 울 안에서
간절한 것들은 하늘만 쳐다보는데
눈 속에 송백은 사시사철 푸르러 깊어진다

지리산 정령치에서

운무가 새벽 문안 인사를 한다
천둥 번개도 한 소절 가락을 타고
흐린 달빛 자락도 능선을 넘는

산정에 나란히 누운 두 봉분
지상의 순례를 다 마쳤을까
표지석 대신 산 꽃들만 파르르
내 발이 차마 떨어지지 않는다

이승의 무슨 사연 있었길래
인간의 발길이 끊긴 깊은 산중
이곳까지 왔다 길을 잃었나

봉분마다 사연이 있다지만
불꽃처럼 타다 만 이야기
바람결에 시린 번뇌가 날아간다

느린 강물처럼 운무가 건너가면
찬서리에 이불 솜 되어주는 햇살은
정녕, 가슴 적시는 슬픈 노래를 품어주다가 간다

마중물

이력서를 든 청년의 맨주먹은 밤마다 혹고래 사냥을 나간다
낯선 해양 헤엄치다가 파도에 떠밀린 낡은 범선 안에서 잠이 든다

우두둑 창문 빗소리에 맞이한 새벽
러닝화 꺼내 물속에 담그니 불어터진 시간이 면발 되어 쏟아진다

라면 부스러기에도 일개미 떼가 줄을 잇고 늦장 부린 뒷줄은 가뭇없이 떨어져 나간다

말려진 러닝화의 끈을 묶다가
잘려 나간 개미의 속울음 생각하며 세상 물살에 밀려난 허기를 잠시 잊는다

자기소개서에 신발 구멍 건너뛴 끈 이야기를 한 줄 더 쓴다

미처 수습 못 한 그늘이 꿈속에서도 길어지는 진펄 같은 시간
작은 두레박으로 텀벙거리며 포기한 내일을 건진다

명중시킬 과녁 멀기만 하고
화려한 날개는 없을지라도
생의 힘줄 불끈 당겨 펌프질해보자

마음아
희망의 오아시스 언젠가는 찾아온단다

구름을 키우는 여자

처음엔 흰 꽃밭이었어요
꽃잎들 속에서 나는 숨이 막혔어요

꽃밭을 헤집고 나갔지만 끝이 없었어요
계속 따라가다 보니 제자리였지요
눈물 받아먹고 산으로 바다로 날아가 허공을 누빕니다

금가고 깨어진 틈새 눈물이 붉어질 때쯤
서쪽 하늘에 밀려서
하루 근심 쏟아내고 달빛에 졸고 있어요

심술궂은 바람 발차기에 곧잘 넘어지는 예순의 나이

구시렁거리며 끌고 다닌 울음보 자리
손끝 닿지 않은 지경까지 떠다닙니다

아득한 길목에 침묵 또한 뚜렷합니다
버거웠던 지상의 일이
순간 깃털처럼 가벼워졌습니다

몽돌 여자

부둥켜안고 우는 여자를 본다
가슴 방망이질에 굳은살이 돋았다는데
세상 바람이야 어떤들
막다른 바닷가에서

파도가 삼켜버린 여자
사자의 울부짖음으로 달려온 밀물
바닥 끝에서 여자가 운다

날카롭던 모서리도 닳아버리고
눈과 코도 닳아져
마침내 입마저 닳아져
벙어리가 된
둥글어진 그 여자

어디론가 떠날 줄 몰라 바닷가에서
한사발 막걸리 육자배기 가락
파도소리처럼 질펀하게 풀어놓고
자신을 부둥켜안고 우는 여자

거울아 누가 더 예쁘니

수많은 인상이 만들어낸 아름다움은
집착이 부여잡은 묘수일까

아랫입술 벌려 접시를 끼우는 미의 척도
황동 고리를 끼워 늘리는 기다란 목
뿌리 깊은 전통인 미의 공식에
그녀들은 고뇌의 눈물 몇 말이나 흘렸을까

거울 속에서 자잘한 실금이 흐르는 강
물안개 속에 걸어온 오선 주름살 굵어만 가는데

시들지 말아라
너무 어처구니없어 울지 않는다
그래서 웃다 보면 입 찢어지는 함박웃음이다

자석처럼 끌어당긴 이 웃음 처방의 묘수는
화기애애한 거울 속의 내 얼굴
날로 꽃주름이다

살아간다는 것은

사람이 사람을 만나면 서로의 배경이 된다
장미꽃을 감싸 안은 안개꽃 다발처럼
바람 물결도 향기를 품는다

버려야 보이는 것들
바라봐야 잡히는 것들
세상사 맑게 갠 고요한 날만 있겠는가
40년 넘게 살아온 당신과 나는
무성한 잎 넓히며 잘도 살아간다

열 길 물속 모른다는 가슴은 하얗게 피어나고
삼단 같은 머리가 온통 허예지도록
추수꾼 흥얼거리는 노래 저절로 흐르는 계절이 오면
가슴 속 별은 뜨고 다시 꽃 한번 피어날까
검은 눈동자에는 서로의 우물이 들어앉아
웃고 울린 기억 그러다가 침묵은 깊어지고

알게 모르게 밀어내는 둥지가 늪처럼 여겨질 때
서로의 배경이 무사하기를 꼭 붙잡는다

빨간, 일회용

오늘도 젖는다
어디서나 눈을 뜬 듯 쪽잠 자다가
눈시울 씀벅이는 빛은 빨갛다

입에서 버려진 헛말의 비명처럼
잠깐 체온이 식으며 멀어진 사이
날벼락 맞은 듯 벌겋다

햇살이 벗어놓은 노을이
가슴에 얹히는 순간 더 붉게 저물어간다

잔반에 젖은 행주
입술에 젖은 마스크
가슴에 젖은 술잔이 핏물처럼 운다

빨간 작업 장갑을 보는 순간
지친 신음이 울린다

내 삶도 일회용처럼 미련 없이 내팽개쳐질까
다가올 순명이 두려운 밤
빨간 베갯모 수놓은 어머니가 그리웁다

그런 날이면 나도 온몸이 빨갛게 젖는다

사랑니

세상 쓸모없는 것이 어디 있는가
자신을 앞세우지 않고 음지에서 견디던 세월
그게 사랑이라는 이름표인 줄 이제야 알겠네

어쩌다가 고맙다는 말 건네는데
지나간 기억은 다 잊은 채
삶의 첩첩 반상 꼭꼭 씹어주며 군말도 없다
살다가 세 치 혀가 주는 깊은 상처도
성장통 꽉 물고 아파했던
그게 사랑의 표지석인 줄 이제야 알겠네

세상 떠나는 길에서
가지런한 틀니를 보았네
낯설지만 애지중지 여겼을 엄마의 유품
하나하나 모두가 통째로 사랑이었어

네가 있어서 사랑이라는 이름을
이렇게 오래도록 부르는지 몰라
눈 감고도 사랑을 쌓아 올린 튼튼한 인연
어느 까치가 물어 갔는지

흙담장 너머

시골 담장 길을 아담아담 돌며 걸었다
둥글고 모나고 갸름한 돌들
굽이진 바람길 잘도 견딘 크고 작은 모양새들
층층 한통속 되어 내 눈높이에 서 있다

딱딱 들어맞지 않아도
그럴 수 있어, 유연한 너그러움
틈 사이마다 덤이다
푹 퍼주던 손으로 메꾸어갔을 흙담장

골목에서 뛰놀던 아이들 이름도 박혀서
부르면 불쑥 튀어나올 것 같은 정겨운 표정
나를 말갛게 쳐다보고 있다

담장 너머 마주한 눈길
푸성귀처럼 푸짐한 인정이 깊어간다

흙담장 타고 오르는 호박 덩굴
저도 뭘 안다고
애호박 한 덩이 슬쩍 넘긴다

중년의 자서전

반걸음씩 느릿느릿 터널을 나온다
젊음의 끝자리쯤 쌓아 올린 탑
빛나는 별까지 닿을 수 있을까

피 끓던 청춘의 옷 걸치고
실낱같은 피붙이의 끄나풀 붙잡고는
한 그릇 밥 앞에서
밥풀때기 같은 토 하나 달지 못한다

누군가 밀쳐내야 오르는 길
하늘 향해 푸른 길을 내는 나뭇가지처럼
앞을 알 수 없는 길

나이만큼 꿈 덜어내는 천근의 고요,
끌려가고 싶지 않은 욕망과의 줄다리기

아껴둔 중년의 말들이 취기에 젖어갈 때쯤
태어나 죽고, 죽고 태어나는 일상이 무심해질까
꿈속에서도 오가는 인연 이대로 안고 갈 수 있겠지

하늘 향기

대학 캠퍼스 원두막 두 채
금자탑으로 서 있다

반송처럼 늘어진 가지마다 별꽃은
설레는 가슴에 하늘 향수가 스며들고
내 반백의 머리는 금발이 된다

단풍 바람에 바르르 떨리는 꽃송이
황금 숨결 그 눈부심, 신명이 난다

진해지던 향기는 희미해지고
최면에 걸린 채 속엣말 꺼내 나누는
금목서 환한 자리
이런 가을 몇 번이나 더 보낼 수 있을까

사람의 향기는 만 리를 간다는데
살아가는 길 위에 피워내는 내 여린 하늘 향기
나는 누구에게 원두막 한 채 되어 줄까

흑산도에 뜬 달

물결 푸르다 못해 검은 절해고도
이 백 년 넘은 연리지 팽나무 비경에는
기막힌 정약용 형제의 빼저린 그리움이 있다

사방을 둘러봐도 차가운 파도 소리뿐
뭍을 바라보며 열두 구비 언덕에 세워진 노래비 말처럼
댕기 머리는 낯선 섬에서 검게 타버렸을까

섬에서 아우 정약용을 생각하며
대문의 빗장 풀어 놓은 채
앞섶 여미지 못한 채
꿈길마다 맨발 걸음 파도 타며 걸었던 나날들

먹물 갈아 흑산도 검푸른 파도에 띄운 푸른 침묵이
강진 다산 초당 붉은 동백꽃 송이에 스며들어
한 겹 한 겹 그리움 채워가는 뜨거운 우애로 피어나고

초당에서 형을 그리워하는 애틋한 마음이
아프다

오늘도 그 깊은 수심에 몸을 섞은 그리움
해무 자욱한 석양빛에 풀어놓는다
각기 다른 유배지에서 허우적댔던 눈물 두 잎
비로소 저세상에서 형제 달이 함께 떠오른다

황혼의 블루스
-무형문화재 옥장 장주원

목포 앞바다에서 춤추는 열 손가락 지문 좀 봐
눈 감고도 보이는 반백 년의 응시
작품마다 손 마디의 괭이가 배겼을까

돌 속 미로
동근 물 통로를 뚫어내니 다관으로 태어난다

아버지 돌리는 물레 소리, 아들 돌리는 활비빔 소리

그 절정에 흘렸을 땀방울
다향으로 전한다

옥고리 매듭을 실 가닥처럼 풀어내니
다 돌고 돌아온 물소리가
한때의 한가락 트럼펫 울림으로

옥빛 바다에
만선 깃발로 펄럭인다

외롭지 않은 외도

오가는 마음에 큰길 내주는 천만 갈래 물길
지친 발목 감싸주며 물결이 따라온다

낯선 땅에서 용케 살아온 열대 나무 사이로
무성한 녹음 따라 걸으면
걸음마다 색다른 음계 꿈꾸는 천상의 계단
하늘 향한 그리움이 꼿꼿이 서 있다

바다만 바라보는 작은 예배당 십자가
맞아, 파라다이스가 있어
저 파도를 달래고
저 꽃대궁을 세워 피워내고
애틋한 숨결로 가족을 지켜냈구나

천지에 풀어놓은 금빛 햇살 아래
인간의 소리는 빈 소라 껍질의 노래
기암절벽 파도에 제 살 깎여도
침묵하는 습성으로 젖은 미소가 번지는 섬

확, 그루잠에서 깨어나다

어둠을 견딘 새는
가지 위에서 몸 웅크린 채
부화 되지 못한 알을 품고
부리는 허공에 달빛을 쪼아댄다

저만치서 만취한 사내가 어둠을 찢으며 비틀비틀

새벽빛을 깨우는
참았던 저 울음소리는
홀로 서는 뼈대 같은 것일까

어느새 푸른 잎사귀는 빛이 걸어오는 소리 듣는다

2

맹물이 꽃을 피운다

느티나무 읽기

내소사 천년 묵은 나무
천수보살 손길처럼 흐드러진 가지마다
바람에 비췻빛 잎들의 날갯짓

거목에 내려오는 햇살 잡아
휘갈긴 초서로 온갖 풍상 써 내려온
사시사철 붓의 무게를 생각하는 동안
목탁 한 소절이 빠져나간다

바람이 지나간 자리에는
푸른 멍과 옹이들이 깊은 방점을 찍는다

아, 능가산 저 너머
내소사 꽃살문 단청도 씻어간
천년의 바람이 불어오는데

희망은 벼랑 끝에서도 다시 뿌리 내리고
세상 눈빛이 낮은 곳 향해 닻을 내리면
느린 풍경 하나가 푸르다

세량지細良池

돌팔매질마다 둥근 달이 내게로 파문져 온다

혼자서 읽어보는 하늘 메시지
가깝고도 먼 이야기 잡을 수는 없어도

아침 이슬 밟으며 목숨 심지 씻어 올린 거울 속
팔 벌린 나뭇가지 십자가 물그림자로 내린다

살아가는 무게를 어깨에 메고
설몽처럼 소곳이 건너고 싶은 호수 둘레길

하루를 봉헌하는 은둔한 고요를
새벽같이 달려온 카메라 렌즈만이 빨아드린다

하늘은 매번 다른 표정으로 하늘 문장 찍으면
나는 긴 호흡에 빠진다
여태껏 못 만나 본 길이 몸을 열어준다

회화나무

봄날 깊숙이 들어가다가
비린 용트림하며 이백 년 바람 속에서도
태연히 그림처럼 서 있는 너를 본다

천둥 번개 들락거릴 때
굽은 등으로 수많은 팔 뒤틀리며
하늘을 날까 땅으로 기어갈까
꿈속 헤매었을 네 곁에 잠시 선다

한여름에 피어날 꽃자리에
매달린 새들의 보금자리는
저녁무렵의 삼종기도처럼 침묵을 매다는데
가슴속 자잘한 미움을 떼어준다

목숨 걸고 붉어진 생각은 얼마나 깊을까
휙 돌아서는 가슴에
깊이 박혔는지
내 어깨에 펼쳐지는 날개
둥지 깊숙한 무게가 실린다

동백꽃 서설

누가 볼세라 어둠 안고 숨은 듯
아득한 소실점 바라보는 길

지나가는 발자국 곁에 누운 시간
별빛 꽃 눈망울들 쏟아진다

그리움은 보이지 않은 곳에서 발효된다는데
속살 같은 아픔 누가 볼세라
멀리서 바라보는 용오름도
붉고 또 붉다

차마 바라보기만도 조심스러운
가는 봄날 눈물 맺힌 사랑아

동백꽃 긴 터널에 갇힌 간절한 눈빛은
어머니 품속 같은 순간
툭 봇물을 터뜨린다

매화 인장을 찍다

은빛 웅성거림이 밤새 내리더니
도로마다 차들은 제 바퀴 문양 따라
지문을 남긴다

아파트 산책로 흰둥이는 이리저리 뛰며
발자국마다 매화꽃을 피우는데,

지난 계절 키워온 꿈
온몸 바람에 떨다가
잠자리 날개 같은 꽃잎 휘날리면
푹신한 눈 바닥에 윷판이라도 벌일 듯
묶여 사는 눅눅한 삶이 풀렸을까

써늘한 바람이 목을 스칠 때
눈 위에 매화 인장 말줄임표처럼 찍으면
인감도장 같은 붉은 꽃잎
하얀 눈 속에서 매화의 존재를 규명할까

영산홍

아지랑이 덮인 꿈길
초록 치마에 연분홍 저고리 산촌댁은
잔정이 헤프지 않아 스스로를 절제한다

봄바람에 꽃망울 터뜨리자
렌즈는 색을 탐내며 찰칵거리지

가슴에 엉킨 불 은밀히 품었을까
으슥한 심짓불 다문다문 켜 들고
산촌댁 초록 치마에 번진 불
산등성이 타고 재를 넘는다

온종일 심술궂은 봄비는
그래,
뜨거운 사랑의 불
끄는 중이지

운두산 혹은 은두산

짙은 가을 색 그늘을 밟으며
초행 산길 더딘 발걸음 탑니다

구름이 산머리를 잡아먹는다는 운두산(雲頭山)
구름에 산머리가 숨는다는 은두산(隱頭山)

골짝에 들어갈수록 붉어지는 마음
진정 마음이 기운다는 것은
조용히 저들처럼 서로 물들어가는 것,
나는 가슴이 젖어가는 게 두렵지 않습니다

홍역처럼 타오르다 풍장을 치루는
산속은 온통 헤어지는 중
바스락거리며 숨죽인 낙엽에
휩쓸려가는 바람이 울음을 날립니다

홀로 눈 감고 귀 막으며 버티고
세상 빛 털어내며 바탕색으로 되돌아갑니다
다시 어디에서 어떤 해후를 기다릴까요

영매화詠梅畫

늦겨울 저녁 찻집
하얀 매화 가지들이 꽃병에서
신열 잠재운 채 꽃 그림자로
두향차 향기 진한 시 한 편 쓰고 있다

허벅지에 가는 모시올 비벼서
물레 돌리며 인고의 강 건넌
할머니 곁을 지켰던 실타래의 눈물 꽃일까
하얀 실 뽑던 세월이 뭉쳐진 환생일까

뒷산 새벽이슬 냇가 바람도
안개도 잊은 채 물레는 돌고 돌았다
누군가 눈물방울 훔쳐온 듯한 목화송이

차탁 위에 그려낸 매화 그림자
하얀 족적 별밭에서 사람들을 읽고 있다
지고도 잊혀지지 않은 마지막 꽃 잔치
골 깊은 할머니 한숨 보다
더 깊고 진한 매화 향기

얼음의 정신

톡, 앳된 부리
얼음 외투 벗어 던지고
새로 지은 노랑 옷 한 벌 웃음
황금잔을 든다

울렁거리는 꽃 멀미 꾹 참으며
오종종 모여 봄을 부르는 몸짓
세상 첫나들이

세상은 눈부신 초록의 환호작약
행간을 노란 시가 채우고도 넘치는 듯
얼음의 정신으로 다소곳한
너는 수복寿福초

당산나무 귀

천둥 번개 받아치며
노를 젓는 푸른 정자나무

할머니 비손도 어머니 정안수도
새들이 물어다 준 입소문도
추억 고삐 당기면 동산 하나쯤은 될까

세상일에는 늘 낭떠러지가 숨어 있어
위태위태하게 건너가는 세월이어서

큰바람 불어도 풀지 않는 속 옷고름
당산나무 맴돌다 귀엣말 속삭이는데
길손들 상처 자국이 옹이로 박힌다

사람은 나무의 울음을 몸 밖으로 스칠 뿐
나무는 사람의 울음을 몸 안에 품고 산다
깜깜한 벼랑에서도 푸른 언어 깃발을 나부낀다

흰 뼈들의 주소

눈앞에 흰 마술 벽
두꺼운 자서전 같은 빙산이 뱃길을 막아선다

깊이를 알 수 없는 바다 위에
生을 몇 바퀴나 돌았는지
마지막 죽음의 숨을 찾아든
흰 뼈들이 침묵하는 생존터
고귀한 것은 늘 무겁기만 하다 가벼워진다

차가운 발길로 길과 길 사이에
긴 그림자 만들며
작은 섬 같은 떠돌아다니는 유빙들
어릴 때 빨아먹던 얼음사탕
녹지 않기를 비는 희망을 만난다

생전에 처음 보는 자꾸만 누설되는 주소
나는 외로운 높이와 깊이를 지녔기에
날개를 잃고 너에게 닿지 못하는데
마지막 바다는 서녘의 산 너머

그 바람이 품고 사는
누구도 밟지 않는 빙산 너머의 빙반을
그리움의 주소로 남기고 싶다

맹물이 꽃을 피운다

눈이나 흰옷에 감탄하는 일은
우리 핏속의 유전자일까

유독 별난 커피 향 마셔도
산뜻한 과일주스 향 머금어도
충족조건이 될 수 없는 몸이 부르는 순수
늘 투명한 물이 그립다

바람이 물을 밀어 내리는 물의 각도는
내 몸 어둠을 밀어내는 물의 표정이다
환히 보이는 유리알 같은 포말

안방 문갑 위에 백자 항아리는
보름달 빛이 늘 환한 어머니 얼굴
가만히 내 마음에 들여다 놓고
달에 물을 부어 찰랑거리니
더 환하게 번져가는 달빛

떠오르는 달은 맹물 꽃을 피운다
눈송이 같은 순백의 정신이 투명하다

봄바람

퇴직 후 무료한 그를
날마다 불러내는 그녀는 누구인가

뒤를 밟아 볼까
채근을 한번 해볼까
아니 아니 눈감아주자

깜박이던 눈동자에 촉이 켜지는 봄날
조바심으로 바라만 보는데
신나는 발걸음으로 부산했던 그가 내 손을 이끈다

볼이 붉은 홍매 여인
그 옆에 청초한 미모의 백목련 여인
속눈썹 노란 산수유꽃 여인
구색을 뽐내며 함박웃음으로 홀리었을까

그녀들이 폴폴 날리는 향기
봄바람이 건네는 꽃 술잔에 취해
내 마음도 봄바람 난 듯
어느새 한 송이 봄꽃이 된다

밤바다

마법의 프리즘이 펼쳐지는 밤
항구의 어둠 한 자락이 깨어지고 있다

비릿한 저녁놀이 수평선을 흐트리면
유혹의 물길에도 매미는 날개를 접고
백열전구 밤새 출렁이는 밤바다는 흥정을 부른다

수많은 울음이 흘러가면서 바다를 쥐어짜는데
매미 날갯짓 서서히 잠든 말들을 깨우니
그래, 낮 동안 내내 울었던 까닭인
수상하게 불어오는 해풍과 마주한다

치열하게 살아온 밑바닥도 잊은 채
은박지처럼 반짝이는 부둣가에서 내리는 이슬
긴 잠영 마친 물고기처럼
생살 터지는 아픔이 밤바다 위에 눕는다

파도는 제 길을 간다

명옥헌 이방인

너는 물침대
나는 오붓한 꽃베개

한바탕 내지른 명옥헌 햇살에
한 보름 둥둥 떠서
무덤덤한 눈꺼풀 감고 싶은 날
보송거리던 꽃송이가 꽃구름 탄다

세 물째 피운 목백일홍 꽃침대
똬리 튼 맨몸 촉수마다 향기 엉클어진 채
염치없는 이방인 꽃무릇이 기웃댄다

물에 떠 있는 꽃잎이 사랑 노래 부르면
물 밑에 꽃그림자는 은밀한 춤사위

시샘이라도 한 듯 풍덩
계집아이 돌팔매질에 졸던 낮달은 깨어나고
멍한 생각은 꽃 지도를 그리며 날아간다

서창 노을 속에 서다

서창 노을은 이별이 환하다
멀리 우람한 남자의 먹빛 어깨 위에
붉은 빛은 눈치 없이 실루엣으로 번져간다

하루의 이야기가 모여드는 저녁
덧없이 눈빛 맞추는 갈대들
은발은 늘 그리워하는 별을 달고 산다

불이 벌겋게 달아오른 가슴통
끝이 아니라는 듯
점점 아쉬워지는 화면, 한순간이다

네가 두고 간 벌판에는 어둠이 깔리지만
네 가슴이 내 가슴에 엎질러졌나
가슴속 불덩이 하나 치밀어
두 폭으로 펼쳐지는 데칼코마니
차르르, 셀카 폰 속으로 달려드니
고흐의 붓놀림처럼 뜨겁고 뜨겁다

바람 든 세월에 한 귀퉁이 허전한데
볼연지 미소로 온몸 부풀리는 핑크뮬리
서창으로 함께 빠져 보자며 웃는다

가을걷이 가득 실은
KTX열차가 북쪽으로 질주한다

알라스카의 뿌리

인간의 손길이 닿지 않은 태고적 모습
무지막지한 눈바람에
동강 나버린 원시

한쪽에 초록 문맥 키우느라
부실한 희망일망정 꼭 붙잡는다

건너야 하는 고난도 세상살이
이름도 생소한 태풍이 지나가면
쩔쩔매며 이겨낸 압통
차라리 꽃송이다

지상의 별들이 위로의 눈빛을 보낸다

유채가 흐르는 강

어머니 눈물 실은 무등산이 전송한 영산강
외로이 남아 있는 내륙 등대 아래 유채밭

품었던 시 날리는 노랑 꽃잎들은
별자리 시詩밭 되어 가물거린다

꽃과 물 사이로 굴러가는 하이킹
돌고 돌아 잠시 길을 멈춰 선 사람들
바람 불면 함께 어깨동무로 춤추는
머리에 노란 꽃을 인 아이들

내 안에서 흔들리던 숱한 마음의 길도
이 노란 강에서는
환해지고야 마는데

등대도
노란 불빛으로 돌아오려나

무성한 것들이 제 몫을 잘 살아내듯이
짙은 노을빛은 풀어놓은 음계 따라 여운을 물고
유채꽃 부풀면 강물의 물비늘도 뭇별로 빛나겠다

나 대신 웃어주렴

동호야 동호야!
그날 어떻게든 널 집에 데려왔어야 했는데…
네가 떠난 뒤 장례도 못 치른 내 삶은
온통 장례식장이 되어버렸구나
제대로 눈도 못 감았을 생때같은 내 새끼 동호야
네 원한이 풀릴 때까지
이 어미 가슴 돌 위에 찾아와 마구 방망이질해대렴
액자 속에 갇힌 너를 품에 안고
체념과 망각을 새긴 돌비 앞에 쓰러지길 몇번인가
자식 사진 어루만지던 이 어미의 쓰라린 마음
날 세운 독설일랑 부끄러움에 묻는다

오늘은 왠지 하늘로 전화가 걸릴 것 같은 징후이다
수십 발이 뚫고 간 탄환의 상처도 이제는 아프지 않다며
찢긴 넋들의 속삭임이 내 두 뺨에 오래오래 머문다

나 대신 웃어주렴
헛헛한 웃음소리가 울음소리보다 더 쓰리다

청산도

밀물이 들이치자
섬이 물배를 채우는 한나절
솔기가 하나씩 터지는 물비늘 사이로
바닷속 살아가는 입김들이 꿈틀댄다

회초리 맞으며 경건히 꿇었던 무릎
서편제 울음이 한바탕 뒤척이더니
숨고르기 하는 북장구 소리

섬 날씨는 변죽이어서
빗줄기 장구채 삼아 장단 맞추며
마지막 먹구름까지 쏟아낼 때
낮은 돌담 휘돌아 만난 노란 유채꽃밭 카펫
한바탕 누워 서편제풍으로 가락을 불러보고 싶다

해풍이 부르는 노래에 저물어 가는 푸르디 푸른 섬
청산도, 유순한 숨결에 어깨 둥실 걸어 볼 때
영락없이 거울 같은 섬이다
내가 웃으면 한없이 웃어주는 섬
이름처럼 맑아지며 빛어 오르는 섬

꽃받침꽃

보송보송 맨몸 같은 무더기 사랑인가
겨우내 물기운 받아 저리도 투명한가
등어리 가려움같이 손끝 닿지 못하는
허공에 떠오르는 꽃별들의 그리움이다

비집고 피어오르는 꽃잎들은
하고 많은 말 삼키며 춤사위로 일렁이다가
봄바람 심술 닿자마자 흰 나비 떼
눈부신 풍경으로 쌓인다

꽃 이파리 쏟아낸 그 자리에서
또다시 피는
붉디붉은 꽃받침 꽃

아득히 쓸려간 내 청춘 불러 환하게 닦아보면
봄빛 되살아나 꽃받침 꽃으로 피어날까
지는가 싶더니 또다시 피어있는 꽃받침 꽃
참 붉다

벚꽃 그늘내린 그 길을
맨발로 흠씬 적셔보고 싶다

섬 바람꽃

여린 속내가 바람을 탄다
갈매기 떼는 바람의 바퀴를 차올리고
한 여자의 봄은 섬을 발라 먹는다

바다낚시 그물선 품의 신비는
몇 번을 벗겨도 차오르는 깊이
물줄기는 늘 먹고 먹힌다

평생 부엌살림의 손은 물빛이어서
대가족을 이끌고 온 젖은 멀미는
멀리 나는 섬 바람을 타보라 한다

살다 만난 낭패는 빗나간 모래성을 쌓았는가
몽환처럼 보였던 작은 물거품 꽃에도 취한다

훅 불면 날아갈 듯한 바람꽃
너도 나도 바람꽃, 꿩 노루 바람꽃
이름마다 손들고 나오는 변산 남방 바람꽃
심지어 설강 바람꽃도 있다니
이참에 나도 확, 바람꽃 되어 날아볼까나

어드레 감수광

거리를 활보하는 입마개
서로가 마주친 눈빛은 그냥 스칩니다

온종일 다문 입 혓바늘이 돋아나고
침묵의 섬으로 유배되었을 말
밤이면 수장고에서 분수처럼 쏟아집니다

일테면 세한도에도 둥근 입 열리고 있듯
솔바람 메시지로 깨어나 몇 줄 선 그리기까지
밑바닥 차오르는 외로움 견디다가 묻는 말은
어드레 감수광

한낮의 넘실대는 인파 속
가까이 있어도 겹겹이 먼 얼굴은
말없음 표정으로 이만치 오다 저만치 가는
섬처럼 쌓여가는 인사말

안부는 달 보며 묻기로 해요
어드레 감수광 혼저옵서*

*어디로 가십니까 어서오십시오 (제주도 방언)

3

어머니의 골무

아버지의 열쇠

늘상 가는 기타줄 벗삼던
새벽 어스름에 잡힐 듯 잡히지 않는 뭉툭한 손
어느 것 하나 가벼이 여기지 않으셨다

비바람에도 설컹이는 밤이면
삭지 않는 추억 하나가
낯익은 목소리, 천만 리를 건너와
내 귀에 딱지꽃으로 피어난다

말이 아니면 귀를 닫고 입도 열지 말아라

생전 둥근 밥상머리 아버지의 가르침
마파람 지나가듯 흘려들었는데
숭늉처럼 따스한 손으로 건네던
오래 녹슨 열쇠들이 어느샌가 내 손에 들려있다

생의 비밀한 것들을 푸는 열쇠들
세상 길 빗장 풀리는 소리
시들어가는 꽃잎이 고개를 든다

물에 잠긴 어머니

그냥 지나칠 뻔했어요
땡볕에서도 밑동은 물난리 중인가 봐요

내 살붙이 아닌 게 어디 있냐며
온갖 푸른 것들을 캥거루 어미처럼 품고 계시는 어머니
귀가라는 초록의 말들을 잎사귀로 매달고
따스한 양수까지 풀어 놓았는지요

물고기는 꼬리 흔들며 모여들지만
지상의 어떤 그리움도 영원한 정박은 없겠지요

저수지 풍찬노숙의 길에서도
물속에 뿌리내린 생명력
그리움을 품고 회항回航해 오신 머나먼 길
물에 잠기신 까닭을 이제야 알았어요

깊고도 맑은 고요한 당신의 얼굴

어머니의 골무

반달 빛에 실려 온 반짇고리 안에서
눈썹이 하얘지도록 신열 잠재우며
행여 세상 가시에 찔릴까
십 리 밖 발걸음 주저앉을까
시집간 딸 바라보던 어머니

빈 수수깡 같은 기나긴 통로에 바람이 인다
된바람은 제 품 속에 끌어안고
딸아이 걸음보다 한 발짝 앞서가며
세상 방패막이가 되어 주고 싶었을까

풀 먹인 무명천에 색색 덧대어 속정이 배어든
하나뿐인 어머니의 골무
정겨운 목소리 만져보려 했는데
무디어져만 가던 어머니의 손끝 사라져간다

당신을 잊고 비워놓은 자리에 밀쳐놓은
몸에 걸치는 옷 중에 가장 작은 갑옷
한 생애 피었다가 멈춰선 꽃자리는
골골이 따가운 상처 자국이다

문득 낡은 골무를 손바닥에 올려보니
어머니의 눈
어머니의 귀
어머니의 손
그 뜨거운 가슴이 나를 감싼다.

거울 속의 당신

깜박이지 않는 눈
파마머리 당신이 나를 본다
왜 엄마 머리는 뽀글거리냐며 묻던 어린 시절
어느덧 거울 속에서 엄마를 닮은 나에게 되묻는다

바다의 파도가 대신 울어주니 좋다며
해변을 돌아다니는데
하얀 면사포 포말이 갈매기 발자국을 지운다

마술 같은 머리 손놀림이 파도를 타는 사이
물결이 물방울로 부서지듯
당신은 손수 지은 삼베옷 입고 자꾸 어디로 가시나

서리 내려앉은 국화꽃 미소를 만나면
오래 불러보고 싶은 당신

텅 비어 있는 미용실 거울은
세상 길 다 안다는 듯 무덤덤
엄마의 얼굴을 비추고 있다

낙타

스무고개 길 반쯤 넘을 때
사막이 걸어오더라는 한 남자
숯불같이 바삭대는 입술은
뜨거운 입김만 불어댔다지요

곧추세운 발길
평생 짓누르는 등짐 흔들어봐도
오아시스 같은 내일은
뜬구름 한 점 없었다지요

아침마다 간절한 기도
무릎 굽혀 머리 숙이는데
젖은 속눈썹은 힘겨운
가문의 문장紋章

사막을 성큼성큼 걸어 나오는
한 남자
살다 보니 눈물 콧물 같은 그늘이
노래가 되더라는

몽당연필

흑심 하나 품고 사는 세상
짜디짠 눈물이야 슬픈 환상 같은 거

시를 짓다가 연필 심이 부러지면
더 깎을수도 없는 연필
지우개가 다 닳고 침이 마른다

거미 꽁지의 촉심으로 그린 명주실 그물망
지나가던 이슬이 별자리인 양 매달리면
이슬털이에 매번 떨어지듯 살아온,

내 지나온 길처럼
지렁이체로 써 내려간 일기에는
졸졸 따라다닌 몽당 글씨
지운다고 달라질 일 없는 동심童心

남아있는 흑심을 빛나게 다듬어
오늘은 시꽃으로 피워낸다

삼각산

어린 시절 초록 크레파스로 그린
삼각산은 초록 공기였지요
빨강 노랑 분홍 꽃 폭죽 다투어 번지는
꽃향기 봄 산은 오색 공기였지요

품속에 안고 있는 마을에도
숭숭 바람든 마른 가슴에도 번지며
환장하게도 들썩이다가
노을진 하늘길로 오르더니
진홍빛 사리가 되었지요

달달했던 봄의 신록은
무성한 검푸른 계절을 지나
알록달록 단풍의 산을 건너서
선계仙界의 방언 같은 흰눈이 내리던 겨울 산으로
비발디 사계가 끝나가듯
수묵화 한 점으로 마무리 했지요

눈 감고도 떠오르는 삼각형의 산 한 채
내 유년의 꿈은 아직 시들지 않아요

시들지 않는 꽃

우리 남매 닮은 듯한
망초, 창포, 들장미, 찔레꽃 송이로 엮은 야생화 들고
어머니 잠든 곳에 문안인사하러 간다

-매일 아침이면 무조건 떼어냅니다
-몇 시간이라도 봄소식 전해드리고 싶어서요
말끝 흐리는 납골당 직원은
유리 테이프와 가위를 내어준다
생전의 환한 웃음기 머금은 사진에서 손 떨어지지 않는다

어머니의 손사래였을까
한 주일 뒤에도 꽃송이 발견한 동생
-누나 아직도 꽃이 살아있네
-언젠가 떼어질 바엔 내 손으로 떼어드리고 싶어
남매간 휴대전화 엿들은 어머니는
달큰한 젖 향기를 풍기고 있을까

어머니의 평생 신앙은 자식이었다
사는 일 쓸쓸하고 어두울 때면
자식 이야기 쏟아내며 들장미처럼 환해졌었다

못다 한 만겁의 인연
우리 남매는 어머니의 꽃이어서
온전하게 꽃피워내고 있다

식지 않는 손

홍치마 시절부터 밑반찬 만들어
도시로 유학 나온 조카들 도시락 챙기며
밤이면 구멍 난 양말들 꿰매 주던 손

지지고 볶아대는 반찬 냄새에
흰머리가 한 짐 풀리는 날이면
누가 볼세라 거두어들이던 손

장 뚜껑 열어 내비친 하늘을 거울삼아
구수한 된장 다독이다가
빛고운 고추장 한 수저 넣어 주며
아가 먹어보아라
오색 찬거리로 비빔밥 물들이며 비벼주던
아린 열 손가락 사이로 흘린 세월에 저녁을 맞는다

거북 등처럼 갈라진 손
아흔두 해 짙은 그림자 꿈을 안은 채
먼길 떠나던 날
나는 마지막까지 따뜻한 손 붙잡고 있었다

알록달록 떨어진 잎사귀 보자
링거 흔적들이 단풍잎으로 피던 어머니 생각
간식거리 싸 들고나온 가족 나들잇길
나누는 온정 속에 멍하니 마른 눈물 훔쳐본다

휘영청 보름달 빛 따라가던
정작 당신은 빈손이었다

당신이 남긴 빈 항아리 물 위에
둥근 거울 하나
세상을 동그랗고 따뜻하게 보라고
내 등을 여전히 다독이는 손

뒤늦게 나는 식지 않는 손 하나 가졌다

어머니를 낭송하다

맑은 강에 꽃잎 너울
삶의 꼭지에 불꽃 춤춘다

살다가 힘들면 노래해 보라고
양짓녘에 빛 소리를 외쳐보라고
밤을 새운 시詩들이 말을 건다

높낮이 장단으로 찾아드는 흥
한 음이라도 길을 잃을까
웅성거리던 감성이 날개를 단다

아가 아가 우리아가
눈 맞추며 자장가 불러주던 모국어
교복 속 사춘기 볼멘 소리에도
마음의 상처 토닥거리며
정성 담아 달래주던 정 깊은 목소리

지금도 가슴 뜨거워진 등불 하나 켠 채
더러는 지친 길에 따뜻한 숨통 터주는
품에 안고 어르는 시 한 편

'母'

자개장롱이 나에게 절을 하였다
수의를 찾아 장롱문을 연다
소나무 위 황새가 곡소리 내며 날아간다
어머니 손때 묻은 세간살이가 벼랑 끝에 서 있다

아흔두 해 옷고름 나부끼다가
수의를 안은 내 가슴에서
천륜의 매듭을 풀고 있다
차디찬 육신 가릴 수의 장롱 안에 넣어두고
저민 가슴 얼마나 밤잠 설쳤을까
수의를 포장한 한지에 새겨진 어미 모母
정성스레 이어나간 필체는
우주만큼 넓고 깊은 이야기가 배어있다

바람든 무처럼 숭숭 구멍 뚫린 어머니의 가슴
어젯밤 꿈길에도 달음박질로 내려오셨지
가장 짧은 유서 한 글자 어미 모
가장 긴 이야기 한 글자 어미 모

어느 장인匠人 아버지의 공방

소반의 옹이와 손바닥 옹이가
하늘에서도 서로 가쁜 숨 몰아쉴까

한 치 오차 없이 새겨 넣은 소반의 별무늬는
세월이 가도 갈라짐 없이 꽉 오물고 있다

그 뭇별들 반짝이며 기지개 켠다
아버지 꾸짖던 잔소리도 되새김질하여
아버지표 소반 자리를 단단히 지키는 딸

소반의 옻칠은 몇 겹이나 더 해야 할까
포부는 크기도 하여 성에 차지 않지만
아픔의 자리 메꾸는 일 아득하기만 하다

정작 집에는 제대로 된 상 하나 없었다는
옻칠 오동나무 판에 누워 있을 아버지
원왕생 둥근달 도달할 때까지
눈물이 옹이 방울로 소반 위에서 구른다

마주 보며 살아온

낚싯바늘에 묶인 찌
정답인 양 도리질 않고 산다

서로를 클릭하면서
질펀한 물 달려들어 숨 막힐 때도
아이들 물장구 소리 맑아
어제 같은 오늘, 내일이 있기에
희망을 엮는 뜨개질은 여적지 멈추지 않는다

압력밥솥 김빠지는 소리에 시들어지고
눈빛 대화는 돌미역처럼 굳어져가고
바다도 강도 아닌 수족관에서
흔들림 없는 당신은 물밑 사냥을 한다

별것도 아닌 일에 토라지며
부딪칠 듯하다가도 제 갈 길 가는 시곗바늘처럼
밤새 수 놓는 꽃방석이다
찌는 바늘을 바늘은 찌를
안쓰러이 서로를 바라볼 뿐

끈

멍구야! 멍구야!
그날따라 긴 골목 메아리는
강아지 이름 부르는 소리로 굽이쳤다

새 목줄로 갈아주려 했건마는
어머니 넋두리는 주문처럼 이어지고
아버지 헛기침 소리에
헤어진 자리 웅덩이에는 툼벙 소리가 났지
어린 나에게는 꽃 멀미 같은 첫이별의 기억
가느다란 줄 하나 오랫동안 바람에 흔들렸는데

걱정하지 마셔요 미아 방지 끈을 꼭 붙잡고 다닐게요
손녀의 웃음이 SNS를 타고 대서양을 건너온다
어린 손녀의 가방끈을 손목에 매달고
알프스산 이마에 누운 흰 구름을 보내온 며느리

사각지대 없는 투명하고 질긴 끈이
아르르 내 가슴을 휘감는다
지구 건너편에서 가득 채워주는 시간
푸른 싹이 돋아나고 있다

예담길 찾아서

내비게이션이 안내하는 데로 가는 초행길
비행접시 같은 구름이 담을 따라 손짓한다

그만 놀고 밥 먹어라
흙 돌담이 머금은 햇볕 같은 목소리
담쟁이 넝쿨은 세월을 끌어올리며
뜨거운 가슴 식혀주는 풀벌레 노래에 젖는다

벌창한 마중물 촉촉했을 마당 가
담장 안 해바라기는 고개를 내밀어
햇빛이 수묵화 그리는 골목을 쫓아다닌다

고무줄놀이에 달달 뛰던 웃음 맞으며
꼬리 흔들던 강아지 재롱
이 숱한 기억들은 어디서 사위어가나
바람에 나풀거리는 강아지풀만 손을 내민다

반짝이며 퍼지는 햇살에 여물어가는 바람이
세월의 한때를 보듬고 느리게 빠져나가는데
종일 곁을 내어준 추억이 뒤따라 나선다

고봉으로 내리는 비

좁쌀 빗방울이 나뭇잎을 흔든다

어린 밥그릇을 고봉으로 채우시던
나물 무치시던 손이었을까

들기름 냄새 콧등 스치며
자식 머리 쓰다듬듯
가문 들녘을 어루만지는
어머니

한바탕
흙먼지가 쓸려나가면
나는 유년의 고향집에 와 있다

해거름

시골 버스는
해거름에 고향에 도착했다

구불구불 산길
아버지의 등에 업혀
단꿈을 꾸었지

이제는 옛날 할머니 흰 고봉밥처럼
아버지 산소가 고봉밥이 되어 손짓한다

안개비 내리는 해름참
깊숙이 눌러둔
유년 이야기가 모락모락 김처럼 올라오고
그리움은
속잎처럼 풋풋하게 차오른다

오늘 같은 해거름참
아버지 등에서 맡던 훙건한 땀냄새가 나고
나는 왈칵, 눈시울이 뜨거워진다

빙붕氷棚

한여름 딸네 집 찾아 알래스카 영공 지날 때
빙산이 몰려온다

유빙들이 쩍쩍 갈라진다
하얀 눈 덮인 아버지 굳은 얼굴로 빙벽 내려오는데
바위처럼 퇴적된 빙하는
부르튼 맨발로 찬물을 철렁인다

발끝부터 심장으로 얼음장 되어 가던 아버지
한 조각 유빙이 되던 촉감의 기억
눈물도 순간 얼어서 떨어지지 않았지

얼음 살점 뚝뚝 떨어져 상처 끝이 안 보이는
방황의 시작점을 본다

한 덩이 유빙을 만지자
쩍 달라붙은 손, 뗄레야 뗄 수 없는 손
아버지는 따뜻한 내 손 자꾸만 밀쳐댄다

공항에 마중 따라 나온 어린 손주 손 꼬옥 잡으니
안도의 한숨 쉬며 서서히 빙점으로 녹아내리는
숨 쉬는 듯한 눈빛 시간이 멈춘다

하늘로 돌아가는 아버지

낯선 땅에 둥지 틀다

옷고름 매고 건너간 태평양
지구촌 둘레는 높다란 벼랑 이어지고
똑같은 하늘엔 너만이 아는 밀실이 있어
밤마다 모국어로 키워낸 만월을 걸어두었다지

낯선 음절들이 새처럼 날아들자
떠돌던 자리에 뿌리가 내리는데
긴 금발 머리 이웃이 건네준 캔 식혜
그건 안갯속에 울리는 신호탄이었다지

우주를 품은 카네이션
불러보고 싶은 그 이름 꽃
누군가 기다리다 눈떠보면 고향 땅이었다지

고향 반대편으로 떠나가 핀 꽃
이제는 제 이름 달고 그리움의 별자리 하나 또렷해진 내 딸아

어린 모국어

휴대폰 너머로
아거, 아꺼, 악거
두 돌을 앞둔 손녀가 말문을 연다

모든 악어를 불러낼 듯
종일 악거, 아꺼, 아거

악어를 부르면 아꺼로 대답하고
아가를 부르면 악어가 튀어나온는
손녀의 어린 모국어
냉장고에 붙어 있는 악어도
소라 껍질도 손녀의 악어 소리에 귀를 세운다

인도양을 건너
손녀의 악어가 이사 오는 중이다
노란 머리핀 리본이 악어가 되고
장난감 앵무새는 악어새로 날아

할미 품으로 악어새가 온다
나는 어느새 할미 악어가 된다

돌이 된 송편

아메리카에서 걸려온 화상통화
두 돌 반 손녀에게 송편을 보여주니
돌이다 돌
말랑말랑한 모싯잎 송편이 돌이 된다
한입 물고 송편, 송편이라 해도
돌 돌 돌 메아리뿐

돌이면 어떠리
세 살배기 꽃잎 같은 입술에서
향기 번지는 우리말인 것을
맞다 맞아 돌이구나
우리 가족은 두 돌 반 아기가 되었다

사랑, 끝이 없다

모녀의 귀갓길은 엇갈리는 길
어디선가 맵싸한 바람 하나
섭섭한 실꾸리 풀어놓고 사라진다

허청거리는 마음 되잡는 순간
비행길 따라오는 딸아이 함박웃음이
눈이나 붙이라고 귀엣말 속삭인다

끼니마다 파 마늘 참기름 묻혀가며
자밤자밤 나물을 잘도 버무린 손
굵은 눈물 훔치기에는 너무나 작다

먼바다 쉼 없이 날아와 집 쪽을 향하는데
사랑, 뒤돌아보니
사랑, 정말 모르겠네

배터리 충전은

약속은 깨어지면서도 다시 불러내는 유리성
달팽이처럼 끈적한 촉수로 허공을 더듬는다

첫눈 올 때마다 만나자던 오래된 말
끈끈한 정 모닥불 가슴에 타오르다가
끊어진 꼬리 남기고 담장 오르는 도마뱀 같다

빛바랜 사진 속 뚜렷한 얼굴은 아프기도 하지만
흔적 지워져 가는 간이영수증 숫자처럼
추억만 머금고 어디쯤 걸어가는지

세월에 놓쳐버린 주파수는 누군가 불러낼 참인가
비워버린 충전지처럼 노을빛으로 돌아서는 아쉬움
빗장 열고도 섬처럼 외로워
다시 유리성을 찾고 싶은 날

단단할수록 깨어지기 쉬운 약속
푸른 담쟁이 넝쿨이 까맣게 말라붙어 버린 그곳
깊은 하늘 향해 배터리 충전 손짓한다

4

마침표 없는 오월

막대자석 요술

벌릴 대로 벌린 양팔에 낀
빨간 장갑 파란 장갑은 한 짝이다

반백 년은 허송세월 보내고 이제야 걸음마
그리움은 서로의 당김을 외면한 채
빛을 내뱉는 오목렌즈 삶을 달려야 했다

백두대간 쭉 뻗은 철심 같은 등뼈 줄기
대대로 애틋한 하나인데 냉한기 몸살이 길다
여기 쯤 헤어진 손 붙잡고
화해의 길 위에 어깨동무하면서
빨강 파랑 더한 멋진 보랏빛 카펫 깔아 보자

역방향으로 달리는 열차 좌석에 앉아보니
마주 보며 가지만 서로 닿을 수 없는 온정
분단의 운명이 자기력으로 느껴진다

두 개 심장이 뛰고 있는 이중주
커다란 전조등 하나 켜고 시베리아를 달리는 날
둥근 지구 따라 돌면 보름달도 따라오며 웃겠지

택시

길이 없지만 길을 갑니다
비바람 몰아치는,
굽이굽이 산모롱이 돌아,
학교 앞을 지날 때면 단복의 패랭이꽃들
향기롭습니다

숨 가쁜 바퀴 따라 나비 떼 모이는 길
가다 보면 만나는 내리막길,
급브레이크에 놀란 몸짓들
가슴이 덜컹 입술을 잘근 깨뭅니다
외눈박이 가로등처럼 희미해진 시야
구만리 하늘 속 날갯짓도 멈칫합니다
졸음에 겨운
허벅지 꼬집는 아찔한 순간들

길 위에 길을 내고
영혼의 주유소에서 生을 충전하는 밤
아슬아슬하게 어제가 지나간 오늘입니다

양동시장

어둑새벽 별들이 하루를 깨웁니다
광주천 따라 백 년을 이어온 생존의 밥줄

한 번도 와보지 못한 어부의 바다도
달래 캐는 할머니 정성 묻은 산자락도
종일 좌판에서 덥석 잡아줄 손길 기다리네요

살가운 단골 목소리가 희망을 도배하는 한나절
삭힌 홍어로 역병을 때려잡는다는 단비 뉴스에
터줏할멈 깊은 주름살은
왁자지껄 웃음판이 돌아갑니다

줄줄이 연리목 가게는 날개 한번 못 폈지만
한 사발 막걸리에 후끈 달아오른 추임새
어어루쑤 좋다! 잘 산다 잘 살아
허허실실 용기라는 덤 하나
서로의 어깨 위에 고봉으로 얹어주네요

도처에서 밀려온 발품 썰물처럼 흩어지면
살아내며 견디는 아픔이 밟히는 터전입니다

바닥에 퍼덕이는 숱한 갯벌 내음이
그믐달로 시들어가는 파장

저잣거리 봇짐은 네온 불빛에 드리우고
청양고추 매운맛도 절창으로 삼켜냅니다

마침표 없는 오월

침묵의 언어는 아직도 남아 있어요
뉴스 특보도 없이 화산이 폭발한 무등산
식지 않는 사연들 굴욕의 역사로 반복되고
빛고을은 송두리째 풍장을 합니다

참혹한 슬픔이 얼어붙었던 오월
금남로 보도블록 외침에 벙어리는 누구인가요
이승의 휘모리장단이 만가로 이어지던 영령 앞에
마지막 인사는 끝내 죄짓는 일이었지요

어머니 품속 같은 이불 덮인 시루에서
물 한 박 마시러 나온 사이 푸른 멍울 배인 채
머리 잘린 콩나물의 못다 피운 꿈은 눈감지 못합니다
휩쓸려 곡기 끊어진 몸부림의 생채기는
숨조차 쉴 수 없는 거리에 오열하며 흐릅니다

폭동이라는 누명으로 탕진한 세월, 무엇으로 대신할까요

마침표 없이 달력에 찍어 놓은 화인
묻혀온 잿빛 털어내니 소망의 빛 더해가네요

침묵은 말을 열게 하는 소통이라지만
그들은 말없이 떠나 버렸습니다
망월동에 내린 뿌리는
산산이 흩어지지 말고 다시는 묻히지 말자며
무성한 민주의 숲으로 자랍니다

언젠가 킬링 광장에 들어설 백골 탑, 다문 입 열겠지요

입 다문 모정

느그 내림은 역마살이 배어 있어야.
사당패처럼 쏘다니는 애물단지 뒤에서
어머니는 잘리는 무 조각처럼 툭툭 내뱉는다

바늘귀만큼도 마음을 열지 않는 아들은
터진 국수 가락 마냥 늘어나는 잔소리에
신발 자국 내리박으며 의기양양 골목을 나선다

아들의 바깥바람 눈 감아 줄 때쯤
어머니 분화구는 맨드라미 꽃으로 늘어져 가고
장마철 장독 뚜껑 닫듯 입 다물어 줄 때쯤
배춧속 고갱이 차오르듯 속이 들어가는
땅에 놓기 아까운 삼대독자를 품속에 보듬었다

말썽꾸러기 자식은 사진작가 되어
지구촌 나들이한다더니
아들의 카메라 플래시에 마지막 눈시울 문질렀다
는데

영정 사진 앞에 차마 고개 못 들고 웅크린 자식
하얀 국화꽃 더미 속에서도 꾹 다문 어머니 입술
그립고 보고팠는지 부챗살 같은 눈웃음은 또렷했다는데

우리가 낳은 우리

그날 이후 지구촌은
태엽 감긴 인형처럼 비틀거린 채
구겨진 일상이 굴렁쇠처럼 굴러간다

이리스 신의 무지개 동아줄도 안주할 곳 없어
지나가는 바람도 한심하다며 곁눈질해대니
별들이 내려다본 세상은 얼마나 애잔할까

오늘은 차 한잔 나누고 맛난 식사도 할까요
공허한 인사말은 허공을 누르고 사라진다
팬데믹 거리는 아득한 섬처럼 하얀 침묵이 둥둥
서로의 안위는 먼 눈빛으로나마 다독인다

우리에 갇힌 우리들은
날개로 날지도 못하는 솟대처럼
간절함으로 하늘만 보며 몸부림도 그쳤다

사람 사이 시절이 낯설고 수상한지라
희망 깃발 손에 쥐고 체념의 길을 삼킨다
갈대인 척 억새인 척 기다림만 세면서

봄날의 나비 떼

여러 해 건너뛰고도 길어지는 시간의 그림자
밤낮으로 날고 있다
잠들지 못하는 파도 위에 환상통 같은 행렬들
젖은 날개가 무겁다

지상에 남은 울음주머니
저 금단의 바다를 바라본다
멀리 날아가 버린 노란 날개들을 바라본다

존재를 증명하는 항구는 그대로인데
날지 못하는 노랑나비는 안쓰러이 손짓한다
침묵이 이렇게 무서울 줄이야

아직도 현관 비밀번호 바꾸지도 못한
살아남은 자들의 흰 홑청 같은 한숨은
세월 흐를수록 바다를 솜이불로 감싼다

역사는 몇 굽이를 돌아도
봄이면 군무 이룬 노랑나비 떼
진실은 묻히지 않는다

웃자란 아파트의 비상

용의 비상은 늘 그럴싸한 꿈이다
폼 재며 하늘 자락 만질 듯 날더니
욕망이 와르르 무너진 날

순간 잔해더미는 먼지로 날고
앙상한 뼈 줄기 버들가지였던가
뜯겨진 몸 샅샅이 훑고 해부하는 눈초리들
이제 뒷걸음질 칠 수도 없는 벽이다

몇 달만 하며 손꼽아오던 아파트 보금자리
만찬에 장미 다발 축제는
미라의 입술처럼 하얗게 굳는다
잠시라도 멈추면 못살 것 같은 철없는 비상
바람도 놀라 멈칫대며 멀미 쏟아낸다

높은 곳에서 떨어진 바닥은 더 아프다는 걸
낮은 바닥이 천만년 흘러온 맥이라는 걸 잊은 채
웃자란 생각만 숨 가쁘게 몰고 달려온 길
마몬의 유혹은 얼마나 더 웃자르며 손 흔들까

수어手語

나비의 날갯짓이다
손으로 그려내는 말
손등에 다른 한 손을 세워 화답한다
허투루 날리는 말 하나 없다

내 품 안의 고향같이 말 없는 화음
끄덕끄덕 서로에게 와닿는 고갯짓이
따뜻하다

눈동자 속에 사는 고운 꽃말이 피어오른다
교감 없이 흩어지는 세상 말 속에
얼마나 맑은 나눔인가

이 밤,
환한 등불 같은 마음아

잃어버린 길

더운 피 휘젓던 지느러미는 자유를 잃고
빗살무늬 아가미는 소화불량인 채
낯익은 일상에 빗금이 쳐진다

지나가던 바람도 길을 잃고 가두어지더니
멀어진 꿈은 밤하늘 점묘한 듯
유리에 박힌 별이 된다

흐른다는 건 살아가는 흥이었는데
기약 없는 비상구는 공상 영화일까
등지느러미 곧추세우며 균형을 잡아본다

수족관 비밀번호 열리면
아웃, 코로나 아웃
환호할 언어가 먼저 헤엄치겠지
침묵 너머 웅크렸던 시간은
잃어버린 길 제대로 찾아서 돌아올까

환히 보이는 유리 속 세상
굴절의 빛도 풀어져 흐를 일이다

헛소문

바늘은 멈춘 채 시계 몸통이 돈다
세 치 혀는 몇 리를 달리는가

숨어서 사는 블랙박스
서책은 이팝꽃 소문을 품고
고적한 성곽에서 엷은 포장끈을 푸는데
헛발질 소문의 꼬리는 끝이 없다

귀가 자라나는 시간
당나귀가 되어 방울을 울린다
헛헛한 꿈의 언저리
모음이 자음 되던 나날,
수수방관의 길에서 헤맨다

포장이 풀리면
그림엽서에 꽉 찬 달이 뜨고
차오른 빛의 시간이 거꾸로 돈만큼 살아난다
하늘은 오롯이 보고 제대로 적어 두었단다

팽개쳐 뭉개진 시간을 토해내는 블랙박스
펑, 튀밥 한 판에 별들의 이름으로 또렷해진다

하모니카 소리가 젖은 골목에서

초록 플라타너스 LP판으로 단풍이 돌아간다

서른 즈음 기타 둘러메고 먼 길 떠난
김광석 이등병의 편지는
소주 한 병을 가을 발자국으로 남겨 놓는다

발길 끊기지 않는 달구벌 골목길은
오선지 단풍으로 물들어 가는데
끊어져 버린 1번 줄은
강 건너 떠돌던 작은 영혼을 감고
높은음자리표 벤치로 떨어져 내린다

청춘의 화음을 밟는 기러기 떼
하모니카 소리에
남겨진 사랑을 기억해내는지
떨어진 잎새 하나 느낌표로 찍는다

그 자랑스런 시간은 어디로 갔을까
남은 사랑이 당신을 기억한다면
절대 떠나버린 길은 아니겠다만

언제 다시 만나 볼 수 있을까

가로수는 낙엽을 달고
어느 노부부 이야기는
저 멀리 노을을 향해 늘어진 6번 줄을 조율한다

뉴욕의 매운맛

새처럼 날아야 만나는 빌딩 숲
아스라함에 발끝이 먼저 멀미가 난다

허기진 벼랑을 할퀴는 욕망
나팔꽃 같은 제 삶의 높이는 어디까지일까

풍작의 삶은 막대그래프에 들떠서
시간을 당긴 듯한 요란한 발걸음들
멈추지 않으면 알 수 없는 허물이다
종일 꼬부랑말에 귓전만 어지럽다가
왈칵 점등되는 네온 빛에 취해 비틀거린다

'얼큰한 신라면'
똘망똘망한 우리글
버스 광고판은 뉴욕에서 발견한 신대륙이다
뉴욕 거리를 당당히 밝혀 든
뜨겁고 환한, 작은 고추 맛이다

달빛에 별빛에

—망월동 국립묘역에서

석양이 지상에 내려앉은 별들을 보았다

피 끓어 넘쳤던 신발들 벗겨진 채
어깨 나란히 등을 내리고
둥두렷한 무리로 누워 있다

생전 이야기는 깃털처럼 날리며 모여든
미농지보다 얇지만 질긴 인연들
허공 누비는 바람개비인가
미련도 원망도 없이 더 날고 싶은 꿈 꿀까

젖은 낙엽처럼 닦이지 않는 눈물
후회한 적 없다는 식지 않는 자긍심
한 평 남짓 청사진 위에
고흐의 점묘 같은 별빛 총총 내린다

지네의 잰걸음처럼 어둠은 저만치 가는데
어느 목회자의 기도는 열흘을 넘기며
달 뒤편의 숨은 빛까지 부르는데
묵묵부답의 별꽃들은 얼빠진 꽃이 되었나

이 빠진 하모니카

입 다문 입술에 애절함이 배어들면
어느새 외로움은 사라지고
파문이 이는 화음은 교실을 헤엄친다

부모 일찍 여의고
불어 재끼는 어느 아저씨의 한 가락은
어깨춤 신명에 발바닥 장단 나풀대지만
가슴속 슬픔을 감출 수 없다

사연마다 깊은 들먹거림
끊어질 듯한 여백은 깊어
어둠에 묻힌 유년의 시간을 불러온다

올망졸망 좁은 구멍에 취해야 하는데
오감에 발갛게 익는 입술만 들썩거려도
벌어진 이 틈새로 바람 새어나가도
쭈뼛대던 헛생각은 동구 밖으로 달음질친다

운림산방의 불빛

밤마다 꿈을 복제하는 붓이 있다
동굴에 갇힌 어린 새의 부리 같은

새 색시 화관 벗겨주는 떨리는 손처럼
붓 뚜껑 벗겨 세워줄 후손은 누구일까
허씨가문 5대째 화풍 이어온
첨찰산* 아래 은빛 풍경은
화선지 물들인 오체투지 땀방울들의
아득한 지층 밟는 소리만 서늘하다

경건히 무릎 꿇고 빨간 화룡점정을 찍는 건
열꽃 피워낸 발효의 마침표 시간
우리네 삶도 훠이훠이 떠나는 길에
붉은 달 도장 하나 띄우며 익어갈 수 있을까

턱 높은 문지방은 발자국 지문 겹쳐지는데
이백 년을 밝혔을 호롱불은 용케도 아직 졸고 있다

*첨찰산: 진도 운림산방을 품은 산

시애틀 추장의 메아리

푸른 목청 돋우던 뼈아픈 글발이 흩어져
시애틀에 내리는 빗물은
브라스밴드 위의 난타다

온갖 짐승 어울려 뛰던 긴 수렵의 길 위에
첩첩이 유령의 탑이 쌓아지는 족적
성긴 숲도 피가 끓는지
머리 풀어 하늘로 치켜든다

우리에 갇히는 두 발 짐승들
태양 향한 쪼뼛한 집들이 높아갈수록
잎끝 뾰쪽한 바늘 되어 자꾸 예리해진다

힘 있는 자들의 야비한 침탈 행위
꺾여도 시들지 않는 망각의 강너머
긴 잠 들고 싶은 진정한 사랑 사냥꾼의 그리움
하늘의 초연한 손짓 바닷바람만 전송한다

이 땅 마지막 붉은 얼굴의 추장
먼 지층에서 다가오는 목이 메인 메아리
땅 밟고 사는 마음에 횃불로 밝혀든다

나는 나는 물맷군

하늘이 떠먹여 주는 샘물

상처 가파른 곳에 사랑이 빛나듯
한 모금 목축이고 올려다보면
하늘의 별자리가 넓고도 깊다

한동안 세상 속앓이
일어나자마자 내 안의 우물 들여다보는데
웬걸 물맷군의 심술이다

밤새 누군가가 담뿍 던져놓은 돌
모나고 못생긴 돌 꺼내어 가장 낮은 곳을 향한다
마음을 모아야만 꺼낼 수 있는 어둠이다

가슴에 채워 둔 이야기가 묻어 있는
아문 상처 하나씩 꺼내어 털다 보면
눈물과 손잡는 눈부신 말씀 하나
우물은 어느새 옥합 향기 살아난다

*물맷군 : 돌을 던져 우물을 막는 사람

물음표와 느낌표는 한 빛이다

소나기는 하늘의 뜨거운 말씀세례
땅에 닿는 순간 온몸 부서지지만
파편처럼 튀는 물음표가 가벼워진다

세례받기 전 심장은
첫 비행을 하는 어린 새처럼 곤두박질친다
질펀한 삶에 새싹 돋아날 무렵
감성과 이성의 양 끝을 하나로 묶으니
근심 사라진 자리 성령이 비로 나는 온몸이 젖는다

느낌표 뜰에는 늘 그리움의 바람이 불고
목이 길어질 대로 길어진 채
먼 곳 그리움 칭칭 감은 목마름에
궁금증 사라진 자리 감사가 온몸에 전해진다

제자리만 맴돌던 머리와 가슴은
하늘 말씀과 소통되는 순간 하나다
물음표와 느낌표를 끌고
종착역으로 내달리는 길 하나
눈앞이 환한 빛이다

그녀가 날아가는 길

공중 곡예사 몸짓이 요란하다
하늘을 쓸어버릴 듯 아슬아슬
땅을 쓸다가 물구나무로 회오리친다

힘껏 당긴 시위에 휘어지는 나뭇가지들
부러지거나 넘어지거나
잘 연마한 옥처럼 투명한 태풍의 눈
그녀는 잠잠하다

다시 몰아치는 아수라장
남아 있는 꽃잎마저 잔혹하게 후려친다

움켜쥔 가슴 어루만지던 그림자조차
너무 막심하다며 그대로 멈춰 선 사이
막막했던 허공은 제자리로 돌아가
실금 간 상처 하나 없이 말짱하다

어느덧 여여한 낮달이 낙관을 찍고 간다

양림동 펭귄 마을

멈춰 선 시계들이 모여서
해와 달을 매냥 부르니 눈이 부신 펭귄촌

어르신들 옹기종기 모여 앉아
어느 집의 남겨진 장독대처럼
정수리부터 발끝까지 구부정 익어간다
외로운 그늘 속에서 시든 꽃 그림자처럼
젖은 가슴 말리며 살아간다

온기 배인 채 버려진 소지품들의 절망은
보물 같은 예술품으로 새로이 태어나
희망 이야기로 줄지어 피어나더니
싸목싸목 골목길 에둘러 걷는 이들에게
맑은 피 돌리는 하얀 들꽃이 된다
그리움 하나 노을로 번진다

따스한 삶이 다닥다닥 붙어서 미소 짓게 하는
양림동 펭귄 마을은 온고지신 골목길

사라져 가는 것들이 살아 숨 쉬는 이곳은
오래된 예배당 종소리도 울려 퍼지는 듯
막혔던 가슴팍은 꿈꾸는 성지가 된다
수채화 한 폭 이야기 풍경으로 피어난다

진정성과 문학성 구현의 언어미학

-홍영숙 시집 『조각보를 깁다』

강 경 호

(시인, 문학평론가)

1.

홍영숙 시인의 이번 시집에서 두드러진 시적 경향은 크게 네 가지로 나눌 수 있다. 삶을 지향하는 실존 방식, 자연, 특히 꿈과 나무에 대한 서정을 통한 다양한 세계관, 가족애를 보여주는 작품 세계, 그리고 세계를 바라보는 인식 태도 등이 그것들이다.

첫 시집 이후 10여 년 가까운 시간 속에서 시가 추구하고자 하는 지향이 더욱 문학적으로 승화되어 있다. 촘촘하게 짜인 언어의 밀도가 함의하는 의미와 시적 정서가 깊어지고 풍요로워졌다. 언어가 단순한 의미만을 드러내지 않고 다의적(多義的)으로 의미역을 확장하면서도 미학적 구조 또한 견고해졌다. 마치 지도의 길이 아무리 멀더라도 끝까지 연결된 것처럼 언어 하나가 허툴지 않고 서로 유기적 관계를 형성하고 있다. 이러한 부분은 작품성을 높이는 데도 기여하지만, 작품을 신뢰하게 하고 진정성을 지니게 한다. 아무리 언어 구사가 화려해도 작품의 효용성이 떨어지고 진정성을 갖지 못한다면 시로서의 가치를 상실하게 된다.

이러한 시인의 형식적 특징을 잘 형상화한 작품 세계는 특히 시인의 삶과 실존의 모습을 노래한 시에서 빛을 발하고 있다. 그렇다고 그의 시의 주제가 무겁다든가 형이상학적 세계에만 치우친 것이 아니다. 일상에서 만나는 정서적 사건들을 시로 형상화한 것들이 대부분이다. 그럼에도 그의 시가 높은 지경에 이른 것은 그의 정신세계가 거기에 머무르기 때문이며 언어미학의 정교한 운용에서 비롯된다.

시를 쓰는 행위는 인간과 동물의 확실한 차별성이다. 이것은 인간만이 가진 정신성을 발현할 수 있는 까닭이다. 인간과 동물이 생존을 위해 살아가는 방법의 차이는 동물은 힘과 본능에 의하지만, 인간은 인간다움, 즉 올바른 정신적 사고를 한다. 더불어 인간은 정서를 향유하는 유일한 생명체이다. 정신성과 정서를 표현하는 가장 알맞은 예술 양식은 서정시이다. 이 서정의 양식을 통해 정신성과 정서를 치밀하게 직조하는 홍영숙 시인의 시를 살펴본다.

텃밭을 가로지르는 산책길
짜투리 땅도 본을 뜬다
한 땀 한 땀 노루발 따라가듯,
자수 놀이하듯

노란 유채 꽃불이 심지 돋우면
상추, 배추, 파, 고추 모종들이
형형색색 조각보로 이어진다

능선에서 바라보니
아득한 여백이 짜맞춘 퍼즐처럼
이제야 아물었다
모반 위에 오곡밥 덮어놓은 듯한 상차림
산동네는 모자이크 비단길이다

누덕누덕 내 생도
조각보 하나 이으며 여기까지 왔나
한 생을 누벼온 종종 발걸음에
엇박자 길을 끼워서 넣었지
덧댈수록 아름답다는 조각보
벚꽃도 피고 패랭이꽃도 피어난다

-「조각보를 깁다」 전문

"시는 자연을 모방한다"고 아리스토텔레스는 2,500여 년 전에 말했다. 이러한 명제는 여전히 유효하다. 자연의 모습에서 인간의 삶을 발견할 수 있기 때문이다. 시적 화자는 일상에서 자연을 바라본다. "텃밭을 가로지르는 산책길"에 있는 자투리땅에서 자라는 노란 유채, 상추, 배추, 파, 고추 모종들이 마치 "형형색색 조각길"처럼 보인다. 화자의 발길은 산책길 따라 능선으로 올라 풍경을 내려다보니 "아득한 여백이 짜맞춘 퍼즐처럼/ 이제야 아물었다". 화자가 산책길에 나선 때는 봄날이었을 것이다. 겨울 동안 갈색의 풍경들이 봄을 맞아 채소 모종들을 심으니 채소들이 지닌 고유의 색으로 마치 "모반 위에 오곡밥 덮어놓은 듯한 상차림" 같아 보인다. 늘상 보아왔던 풍경들이지만 시인은 문득 직관을 통해 시적 발화를 하게 된다. 구획으로 나누어진 자투리 땅과 산동네가 봄날 식물들이 자라며 마치 퍼즐 맞춰진 것처럼 보이는 모습에서 자신의 삶을 생각하기에 이른다. "누덕누덕 내 생도/ 조각보 하나 이으며 여기까지" 온 것은 아닌가 하는 생각을 한다. 주지하다시피 조각보는 자투리 옷감으로 기워 만든 보이다. 버려질 옷감이지만, 그 누더기가 모여 하나의 조각보가 되는 것이 삶의 과정과 같다는 것을 깨달음으로서 한편의 시가 탄생하는 것이다. "한 생을 누벼온 종종 발걸음", "엇박자 길"로 비유되는 생이 자투리 옷감처럼 느껴졌을 것이고, 그것들을 "덧댈수록 아름답다는 조각보" 같은 것이 인간의 삶이라는 것을 알게 된다. 이처럼 조각보 같은 삶에서 형형색색 아름다운 "벚꽃도 피고 패랭이꽃도 피어난다"고 말하기에 이른 것이다.

「중년의 자서전」은 시인의 자아인 시적 화자를 통해 홍영숙 시인의 실존 방식과 정신지리를 유추하게 한다.

반걸음씩 느릿느릿 터널을 나온다
젊음의 끝자리쯤 쌓아 올린 탑

빛나는 별까지 닿을 수 있을까

피 끓던 청춘의 옷 걸치고
실낱같은 피붙이의 끄나풀 붙잡고는
한 그릇 밥 앞에서
밥풀때기 같은 토 하나 달지 못한다

누군가 밀쳐내야 오르는 길
하늘 향해 푸른 길을 내는 나뭇가지처럼
앞을 알 수 없는 길

나이만큼 꿈 덜어내는 천근의 고요,
끌려가고 싶지 않은 욕망과의 줄다리기

아껴둔 중년의 말들이 취기에 젖어갈 때쯤
태어나 죽고, 죽고 태어나는 일상이 무심해질까
꿈속서도 오가는 인연 이대로 안고 갈 수 있겠지
-「중년의 자서전」 전문

'중년'의 연대는 인생이라는 길에서 삶의 이치를 깨닫는 시기이다. 자신의 삶을 뒤돌아보며 인간으로서 어떤 길을 걸어왔는지를 살펴보는 때이기도 하다. 화자는 그간 걸어온 길이 '한걸음'이 아닌 '반걸음'씩 걸어왔다는 진술에서 알 수 있듯 나름대로 조심스럽게, 그리고 성실하게 걸어왔음을 말해준다. 젊은 시절을 지나 어느덧 "느릿느릿 터널을 나"오고 있다고 한다. '터널'이란 시야가 좁은 길, 어두운 길, 즉 인생의 시련을 의미한다. 이제 그 시기를 지나 되돌아보는 길에 "젊음의 끝자리쯤 쌓아 올린 탑"이라고 하는 삶의 성과가 "빛나는 별까지 닿을 수 있을까"를 스스로에게 묻는다. 이는 보다 나은 삶을 위한 성찰적 태도로 볼 수 있다. 인간의 삶도 다른 생명체와 같아 "피 끓던 청춘" 시절엔 "실낱같은 피붙이의 끄나풀"을 위해 "한 그릇 밥 앞에서/ 밥풀때기 같은 토 하나 달지 못"했다. 가족을 위해서라면 본능적으로 모든 것을 다 바쳐, 때로는 누군가와 싸우기도 하고 이기적으로 굴기도 한다. 그러므로 "누군가 밀쳐내야 오르는 길"이라고 하는 것이다. 이는 "하늘 향해 푸른 길을 내는 나뭇가지처럼/ 앞을 알 수 없는 길"이기도 하다. 그러나 이제 중년의 세월 위에서 "나이만큼 꿈 덜어내도 천근의 고요"라고 한다. 갈수록 더해지는 것이 켜켜이 쌓이는 세월인데 그 시간만큼 큰 꿈을 덜어내는 고요의 시간이 홍영숙 시인의 '중년'이다. 그런 까닭에 "끌려가고 싶지 않은 욕망과의 줄다리기"를 하는 것이다. 내면에서는 꿈을 접어두어야 하는가, 아니면 꿈을 키워가야 하는가 하는 욕망과의 줄다리기가 어쩔 수 없는 인간의 본능임을 말한다. 또한 "아껴둔 중년의 말들이 취기에 젖어갈 때쯤/ 태어나 죽고, 죽고 태어나는 일상이 무심해질" 수 있는지를 스스로에게 묻는다. 말을 삼가고, 인간의 생사에 대해 무심하다는 것은 어쩌면 우리가 정한 삶의 완성일 수도 있다. 중년의 나이에 삶을 완성하는 것은 많은 사람에게 요원한 일이다. 그렇지만 화자는 묵묵히 그 완성을 위한 걸음을 걷고자 하는 의지를 드러낸다. 그러기 위해서는 "꿈속서도 오가는 인연 이대로 안고 갈 수 있겠지"라며 화자의 염원을 다짐한다.

이 밖에도 홍영숙 시인의 실존방식과 이를 통한 정신세계를 보여주는 작품들은 수없이 많다. '상승'과 '욕망'을 상징하는 '새'를 노래한 「새」에서 "다시 불더미 같은 지상을 딛고 날아오르는/ 날갯짓은 반복의 순환이다"라고 노래하며 "아득한 만 리 하늘길/ 날아오르는 것은 청춘만이 아니다"며 끊임없이 비상하는 삶의 역동성을 강조한다. 「장독대」에서는 섬진강변 어느 농원의 "이천 오백여 개의 장독들"을 "천불전 부처님들처럼 묵언수행"하고 있는 사원으로 비유하며 "시간을 비켜선 적요한 경전들"로 인식하는 상상력이 놀랍다. 특히 「시가 된 구두」가 보여주는 탄탄한 서정은 홍영숙 시인의 시적 기반의 견고함을 말해주는 작품이다. "뒤틀린 뒤축은 연 갈이 해주고/ 감쪽같이 균형 맞추어주는 행 한 줄"이라고 하여 마치 메타시를 보는 듯 하면서도 망가진 구두를 수선하여 "상처 아문 자리에 시 한 편/ 아버지의 구두처럼 낡은 구두가/ 검은 서정으로 반짝인다"며 구두를 수선하고 반질반질 빛나게 닦아주는 구두 수선공의 손으로 다시 태어난 검은 구두가 아름답다고 한다. 늘 보아온 구두 수선공의 모습을 이처럼 아름답고 탄탄한 정신세계 지경으로 끌어올린 작품을 본 적이 없다.「몽돌 여자」는 앞에서 보았던 작품들과는 결이 조금 다르지만, 시인이 지향하는 삶이 어떤 것인지를 잘 말해준다. 화자는 "부둥켜 안고 우는 여자를 본다". "파도가 삼켜버린 여자"이지만, "날카롭던 모서리도 닳아버리고/ 눈과 코도 닳아져/ 마침내 입마저 닳아져/ 벙어리가 된" 여자는 시제가 시사하듯 바닷가 파도에 날카롭던 모서리가 다 닳아져 "둥글어진 그 여자"는 '여자'를 '몽돌'로 비유하고 있다. 눈과 코, 입이 닳아졌으니 보지도 못하고 숨쉬는 것조차 할 수 없는 말을 잃어버린 여자이다. "막다른 바닷가"가 암시하듯 삶에 밀려 막다른 곳에 이른 여자이지만, 그러나 시인이 그리고자 한 것은 몽돌처럼 모가 나지 않고 안으로 침잠한 정신적 고처에 이르른 여자라고 이해해도 될 것이다.

2.

홍영숙 시인의 시의 또 다른 한 축은 가족애를 그린 작품들이다. 주지하다시피 혈연으로 인연이 된 가족은 우리 사회 가장 작은 단위의 공동체이며, 생명과 사랑으로 형성되었다. 모든 시인이 가족을 시적 제재와 주제로 삼아왔던 것은 늘상 인연의 고리를 놓지 않고 끈끈하게 이어진 가족애도 중요한 요소이지만, 그 가족을 위해서라면 헌신할 수 있다는 희생성이 중요한 요소이다.

홍영숙 시인의 시편 중에는 유독 부모님을 회고하는 작품들이 많다. 어린날 아버지가 들려준 말씀을 이제야 깨닫기도 하고, 어머니를 회고하는 작품들에서는 모성성과 사랑을 노래한다. 그리고 부부의 일상을 통해 잔잔한, 그러나 사랑이 깃든 이야기, 타국에서 살고 있는 자식들과 손주들에 대한 따스한 애정이 깃든 마음도 감추지 않는다.

늘상 가는 기타줄 벗삼던
새벽 어스름에 잡힐 듯 잡히지 않는 뭉툭한 손
어느 것 하나 가벼이 여기지 않으셨다

비바람에도 설컹이는 밤이면
삭지 않는 추억 하나가
낯익은 목소리, 천만 리를 건너와
내 귀에 딱지꽃으로 피어난다

말이 아니면 귀를 닫고 입도 열지 말아라

생전 둥근 밥상머리 아버지의 가르침
마파람 지나가듯 흘려들었는데
숭늉처럼 따스한 손으로 건네던
오래 녹슨 열쇠들이 어느샌가 내 손에 들려있다

생의 비밀한 것들을 푸는 열쇠들
세상 길 빗장 풀리는 소리
시들어가는 꽃잎이 고개를 든다

-「아버지의 열쇠」 전문

아버지는 매우 마음결이 섬세한 분이셨나 보다. 이 작품에는 나타나지 않았지만, 지금은 세상을 떠나신 분으로 유추된다. “새벽 어스름에 잡힐 듯 잡히지 않는 뭉퉁한 손”에서 알 수 있듯이 아버지는 무척 부지런하고 뭉퉁한 손으로 가는 기타줄을 벗삼은 아버지는 예술적이며 가족애가 남다른 분이신 것 같다. “어느 것 하나 가벼이 여기지 않으셨”으니 꼼꼼한 성격도 짐작이 가능하다. 화자는 돌아가신 아버지에 관한 추억을 떠올린다. “비바람에 설켱이는 밤” “삭지 않는 추억 하나”는 아버지의 말씀이다. “말이 아니면 귀를 닫고 입도 열지 말아라”고 밥상머리에서 자식들에게 흉한 말은 귀담아두지 말고, 이에 대해 아무런 말을 하지 말라고 가르쳤다. 그때는 아버지의 말씀을 흘려보냈는데, 이제 세상을 살아가면서 더욱 아버지의 말씀이 간절하고 소중하게 들린다. 인간의 삶을 그르치는 것은 ‘세치 혀’라는 말처럼 누군가를 헐뜯고 시기하고 음해하는 것이 인간세계이다. 이로 인해 사람과 사람 사이의 관계가 흐트러지고 훼손돼 소모적인 감정을 쏟아내며 삶을 소모하는 일은 어리석은 일이다. 그런데 어린 시절 밥상머리에서 흘려들었던 아버지의 말씀이 “생의 비밀한 것들을 푸는 열쇠”가 되고 있음을 깨닫는다. 인간의 삶은 끊임없이 비밀한 것들을 풀어가는 여정이다. 비밀한 것을 잘 풀지 못하면 가고자 하는 길을 갈 수 없고 찾고자 하는 것을 찾지 못한다. 비밀한 것을 풀 수 있는 열쇠가 없기 때문이다. 그런데 화자는 "오래 녹슨 열쇠들이 어느샌가 내 손에 들려있다"며 아버지가 들려주신 말씀이 생의 비밀한 것들을 푸는 열쇠임을 깨닫는다. 아버지의 말씀대로 살아가고자하는 의지를 보여주는 대목이기도 하고 화자가 아버지의 말씀이 지향하는 삶을 살고 있다는 증거이기도 하다. 그래서 마침내 화자는 "세상 길 빗장 풀리는 소리"를 듣게 되고, 심지어 "시들어가는 꽃잎이 고개를 든다"며 새로운 활력을 찾은 화자의 현실을 말하기에 이른다.

서정시는 교훈성을 지닌 메시지 전달에만 치우쳐서는 시적 균형을 잃는다. 작품성과 조화를 이룰 때 더욱 진정성이 있고 신뢰가 간다. 이 작품에서도 여러 가지 비유를 통해 밀도 있는 언어와 함께 시를 이끌어가는 힘이 서정성을 돋보이게 하고 있다.

「어머니를 낭송하다」에서 시인에게 "지금도 가슴 뜨거워진 등불"로 각인되어 있고, 어머니가 돌아가신 후 수의를 바라보는 시인의 감정을 형상화한 「어미 모(母)」를 통해 어머니라는 존재를 생각한다. 그리고 「시들지 않는 꽃」에서는 홍영숙 시인 남매가 어머니 잠든 곳에 찾아가는 심정을 뜨겁게 토로하고 있다.

다음의 「돌이 된 송편」에서는 아메리카에 살고 있는 딸네 가족, 특히 두 돌 반 된 손녀와 화상통화를 하는 과정에서 손녀에 대한 애정과 우리의 역사와 정신이 깃든 모국어의 의미를 되새긴다.

아메리카에서 걸려온 화상통화
두 돌 반 손녀에게 송편을 보여주니
돌이다 돌
말랑말랑한 모싯잎 송편이 돌이 된다
한입 물고 송편, 송편이라 해도
돌 돌 돌 메아리뿐

돌이면 어떠리
세 살배기 꽃잎 같은 입술에서
향기 번지는 우리말인 것을
맞다 맞아 돌이구나
우리 가족은 두 돌 반 아기가 되었다

-「돌이 된 송편」 전문

"아메리카에서 걸려 온 화상통화"가 이 작품의 배경이 된다. "두 돌 반 손녀에게 송편을 보여주"는 것으로 보아 아마 추석 무렵이었나 보다. 할머니가 화상으로 보여주는 '송편'을 손녀는 "돌이다 돌"이라고 말한다. 입에 송편을 물고 '송편'이라고 가르쳐줘도 손녀는 "돌 돌 돌"이라고 말한다. 아직 우리말이 서툰 손녀의 발음에 "말랑말랑한 모싯잎 송편이 돌이 된다". 그럼에도 화자는 "돌이면 어떠리/ 세 살배기 꽃잎 같은 입술에서" 비록 '돌'이라고 부르지만 "향기 번지는 우리말"을 듣는 것에서 모국어에 대한 의미를 되새긴다. 그러면서 말랑말랑한 '송편'을 '돌'로 만들어버리는 손녀의 모국어 학

습으로 인해 "맞다 맞아 돌이구나"라고 맞장구 치면서, "우리 가족은 두 돌 반 아기가 되"어버린다. 손녀의 모국어를 배우는 모습에서 가족이 모두 어린아이가 되어버리는 순수를 보여주는 이 작품은 짧은 형식이지만 모국어와 언어가 지닌 힘, 그리고 가족 공동체가 지닌 끈끈한 힘을 노래하고 있다.

「어린 모국어」에서도 이와 같은 상황을 연출하고 있다. "휴대폰 너머로/아거, 아꺼, 악거"라고 '악어'를 발음하는 손녀는 "노란 머리핀 리본"조차 '악어'로 만들어버리고, '아가'를 말할 때는 '악어'로 만들어버린다. 이렇듯 모국어를 배우는 귀엽고 사랑스러운 손녀, 즉 악어새가 할미품으로 온다고 형상화하기도 한다.

이 밖에도 가족애를 그린 시편 중 부부애를 노래한 「마주보며 살아온」은 "별것도 아닌 일에 토라지"기도 하지만, "안쓰러이 서로를 바라"보는 모습에서 젊은 시절처럼 뜨겁지는 않지만, 잔잔하게 흐르는 정과 은은한 사랑을 보여준다. 「낙타」에서는 "사막을 성큼성큼 걸어나오는/ 한 남자"로 의미화한 남자를 통해 지난한 삶을 견디고 묵묵히 살아온 남자의 모습을 형상화했다. 시적 대상인 "스무고개 길 반쯤 넘을 때/ 사막이 걸어오더라는 한 남자"로 의미화한 남자를 통해 지난한 삶을 견디고 묵묵히 살아온 남자의 모습을 형상화했다. 시적 대상인 "스무고개 길 반쯤 넘을 때/ 사막이 걸어오더라는 한 남자"는 오늘을 살아가는 가장들의 "평생 짓누르는 등

짐"을 짊어진 모습을 그려내었는데, 누구의 남편일 수도 있고, 누구의 아버지일 수도 있는 '낙타'로 표상된 우리 시대의 남자들의 삶의 일면을 극명하게 그려내었다. 마침내 "살다보니 눈물 콧물 같은 그늘이/ 노래가 되"었다는 주변에서 쉽게 만날 수 있는 가장들의 모습이 진중하게 다가온다.

3.

동서고금을 막론하고 대부분의 시인이 '자연'을 노래해왔다. 자연은 늘 변함없이 순리에 따르기 때문이다. 이러한 자연의 모습에서 인간의 삶의 원리와 본질을 배우고 깨달으며 끊임없이 자연을 노래한 것이다. 그러나 인간은 자연 구성체의 하나이면서도 르네상스와 산업혁명 이후 인간 중심적인 근대관을 보여왔다. 이러한 근대적 세계관은 자연을 파괴하여 생태계가 훼손되어 현재 지구는 여러 가지 위기에 처해 있다. 이러한 환경파괴 등으로 인한 위기를 극복하기 위해서 우리는 근대 이전 인간과 자연이 조화를 이루며 살았던 시대를 상기해야 한다. 그리고 인간과 자연이 상생할 수 있는 균형있는 자연관을 실천적으로 살아갈 때 가능한 일이다.

홍영숙 시인의 시에서는 자연이 지닌 고유한 생태적 특질들을 통해 내밀하게 자연이 들려주는 목소리를 듣는다.

내소사 천년 묵은 나무
천수보살의 손길처럼 흐드러진 가지마다
바람에 비췻빛 잎들의 날갯짓

거목에 내려오는 햇살 잡아
휘갈긴 초서로 온갖 풍상 써 내려온
사시사철 붓의 무게를 생각하는 동안
목탁 한 소절이 빠져나간다

바람이 지나간 자리에는
푸른 멍과 옹이들이 깊은 방점을 찍는다

아, 능가산 저 너머
내소사 꽃살문 단청도 씻어간
천년의 바람이 불어오는데,

희망은 벼랑 끝에서도 다시 뿌리 내리고
세상 눈빛이 낮은 곳 향해 닻을 내리면
느린 풍경 하나가 푸르다

-「느티나무 읽기」 전문

화자는 내소사의 천년 묵은 나무를 바라본다. 여기에서 '바라본다'는 그저 현상적으로 나타나는 사물을 바라보는 의미를 넘어선다. 천년동안 생명을 유지해온 내소사의 천년 묵은 나무에 깃든 시간과 지극한 정신을 읽고 있기 때문이다. 예로부터 우리 선조들은 오래된 생명체에 대해 '영물(靈物)'로 섬기며 신앙의 대상으로 인식하였다. 천년 묵은 나무에 비해 인간의 생명은 무척 짧은 시간이다. 특히 '내소사'라는 장소성이 갖는 신앙적 의미와 결부시켰을 때 그 의미는 더욱 확장된다. 손이 많은 "천수보살의 손길처럼 흐드러진 가지마다/ 바람에 비췻빛 잎들"이 흔들거린다. 천년동안 해온 몸짓이 기도 하다. 어쩌면 한가롭게 보일 수도 있는 나무의 일상을 들여다보면 나무의 시간이 간단하지가 않다. "바람이 지나간 자리에는/ 푸른 멍과 옹이들"이 있기 때문이다. '푸른 멍'과 '옹이'들은 상처의 흔적들로 천년의 세월 속에서 나무가 겪었을 온갖 풍상을 함축적으로 말해준다. 그런데도 내소사 천년묵은 나무는 '햇살'을 잡아 초서로 온갖 풍상을 휘갈긴다. 수많은 나뭇가지를 천수보살로 비유하는 것과 수많은 나뭇가지에 매달린 잎들을 붓으로 기표화함으로써 작품의 무게감을 더해준다. 더불어 "사시사철 붓의 무게를 생각하는 동안/ 목탁한 소절이 빠져나간다"고 함으로써 나뭇잎새들이 바람불 때마다 흔들리며 초서로 쓴 것이 "목탁 한 소절"이었음을 말해준다. 나무를 '천수보살'이나 수양이 깊은 '노승'으로 인식하는 것을 짐작할 수 있다. 천년 동안 바람을 맞은 내소사 나무는 자신의 상처를 "내소사 꽃살문 단청도 씻어간" 어떤 고처로 표상화해버린다. 그러므로 내소사 천년 묵은 나무는 "벼랑 끝에서도 다시 뿌리 내리고/ 세상 눈빛이 낮은 곳 향해 닻을 내"린다고 하기에 이른 것이다. 나무를 바라보는 화자가 "느린 풍경 하나가 푸르다"고 말할 수 있는 것은 당연한 일이다.

앞에 두 작품은 나무의 생태적 특징과 오래된 나무들이 겪었을 풍상을 통해 끈질긴 생명력과 정신성을 보여주었다. 이에 비해 「운두산 혹은 은두산」은 가을 산의 의미를 새롭게 해석하고 있다.

짙은 가을 색 그늘을 밟으며
초행 산길 더딘 발걸음 탑니다

구름이 산머리를 잡아먹는다는 운두산(雲頭山)
구름에 산머리가 숨는다는 은두산(隱頭山)

골짝에 들어갈수록 붉어지는 마음
진정 마음이 기운다는 것은
조용히 저들처럼 서로 물들어가는 것,
나는 가슴이 젖어가는 게 두렵지 않습니다

홍역처럼 타오르다 풍장을 치루는
산속은 온통 헤어지는 중
바스락거리며 숨죽인 낙엽에
휩쓸려가는 바람이 울음을 날립니다

홀로 눈 감고 귀 막으며 버티고
세상 빛 털어내며 바탕색으로 되돌아갑니다
다시 어디에서 어떤 해후를 기다릴까요

-「은두산 혹은 운두산」 전문

홍영숙 시인의 많은 작품이 산책이나 산행에서 얻어지고 있음에서 그의 삶의 일면을 엿볼 수 있다. 화자는 단풍이 물든 가을 산을 걷고 있다. 운두산(雲頭山) 혹은 은두산(隱頭山)이라고 부르는 것은 "구름이 산머리를 잡아 먹는다"거나 "은빛으로 물"들기 때문으로 짐작된다. 초행의 더딘 발걸음으로 "골짝에 들어갈수록 붉어지는 마음"이다. 붉게 물든 단풍의 화려하고 정열적인 모습 때문일 것이다. 여기까지는 가을 산의 풍경과 산행의 모습을 그려내었다. 그런데 "붉어지는 마음"을 단풍 든 산에 마음조차 물든다고 읽어낼 때 작품에 대한 이해가 새로워진다. '붉어지는 마음'으로 "마음이 기운다"고 함으로써 가을 산의 정경을 넘어 산과 화자간의 관계 맺기, 그리고 사람과 사람 사이의 관계 맺기에 대한 시인의 정신 영역의 표정을 형상화한다. 서로 물들어가는 것에 대해 화자는 "나는 가슴이 젖어가는게 두렵지 않"다고 진술함으로써 누군가에게 일방적으로 투사되는 것보다 서로가 동화되어감으로써 서정시가 추구하는 동일성을 이루고자 한다. 다시 화자는 가을산에 시선을 보낸다. "산속은 온통 헤어지는 중"이어서 낙엽이 떨어져 바스락거린다. 늦가을 바람이 불기 때문이다. 봄날의 신록과 여름날의 생기발양함, 그리고 가을이 되어 불태우던 열정도 다 버리고 다시 맨몸으로 돌아가는 산의 모습에서 인간의 삶이 떠오른다. 이 세상에 나왔다가 청춘시절을 보내다가 다시 자연으로 돌아가는 섭리를 조락의 가을산에서 발견한다. 그렇지만 가을을 지내고 겨울을 맞음으로써 죽음이라거나 소멸이라고 노래하지 않는다. 또다시 봄이 오거늘, 화자는 "다시 어디에서 어떤 해후를 기다릴까요"라고 되물음으로써 자연의 순환을 노래하고 있는데, 자연의 질서에 순응하는 산처럼 인간 역시 엄연한 자연의 섭리에 따르겠다는 생(生)의 근원을 들여다보고 있다.

자연을 노래한 홍영숙 시인의 「얼음의 정신」은 짧은 작품이지만 매우 감각적 서정으로 생명의 환희를 노래하고 있다. 이른 봄, "톡, 앳된 부리/ 얼음 외투 벗어 던지고/ 새로 지은 노랑 옷 한 벌 웃음"은 '앳된 부리'에서 느껴지는 연약함의 이미지를 강하고 생명력이 넘치는 존재로 덧칠하여 인식시킨다. 「당산나무 귀」는 앞에서 살펴본 오래된 나무들의 이미지와 유사한 서정이 빛을 발하는 작품이다. "천둥 번개 받아치며/ 노를 젓는 푸른 정자나무"에서 꿋꿋한 나무의 기상을 읽을 수 있다. 그러면서도 "위태위태하게 건너가는 세월"이 말해주듯 신난고난한 세월을 겪어낸 나무의 시간 속에 깃든 고처의 정신성을 발현한다. 「매화 인장을 찍다」는 눈 내리는 날 눈 위로 바퀴자국을 남기며 가는 자동차와 흰둥이 개가 눈 위에 이리저리 뛰는 모습을 발랄한 표정으로 담아냈다. 그런데 흰둥이 발자국이 마치 매화꽃잎과 유사하게

생긴 것을 화자는 "발자국마다 매화꽃을 피운다"며 겨울이라는 추운 계절에 꽃을 피우는 사군자 중의 하나인 매화를 끌어들여 어떤 고결한 정신을 담아낸다.

4.

시인은 서정적인 정서를 담은 시만을 노래하지 않는다. 시대의 변화에 가장 민감하게 반응하고 그 시대의 모순과 부조리 등 그늘진 모습도 그려낸다. 그러므로 시를 "현실의 반영"이라고 말하기도 하는 것이다. 시인은 용기가 있고 어떠한 폭력에도 굴복하지 않는 정신을 지닌 존재이다. 야만과 폭력이 난무하던 1980년대, 수많은 시인이 투옥되고 많은 시집이 금서로 지정되기도 하였지만, 시인의 노래는 때로 비수처럼 날카로워 무기가 될 수도 있음을 여러 시인이 보여줬다.

우리 사회는 커다란 변고를 많이 겪었다. 국민의 생명과 재산을 보호해야 할 우리 군대가 무자비하게 무고한 광주시민들을 학살한 광주민중항쟁을 비롯한 여러 국가폭력 사태들과 세월호 사건, 최근에 일어난 이태원 참사는 국가의 존재 이유를 다시금 묻는 계기가 되었다. 뿐만 아니라 오늘 우리 사회는 욕망의 폭주와 소외된 약자가 중심으로부터 이탈하는 자본주의의 그늘, 그리고 그늘에 가려진 사람들의 이야기를 시인들은 여전히 아프게 노래하고 있다.

「봄날의 나비 떼」는 2014년 진도 해역에서 침몰하여

300여 명의 젊은이들이 수장당한 아픔과 위로를 전하는 작품이다.

여러 해 건너뛰고도 길어지는 시간의 그림자
밤낮으로 날고 있다
잠들지 못하는 파도 위에 환상통 같은 행렬들
젖은 날개가 무겁다

지상에 남은 울음주머니
저 금단의 바다를 바라본다
멀리 날아가 버린 노란 날개들을 바라본다

존재를 증명하는 항구는 그대로인데
날지 못하는 노랑나비는 안쓰러이 손짓한다
침묵이 이렇게 무서울 줄이야

아직도 현관 비밀번호 바꾸지도 못한
살아남은 자들의 흰 홑청 같은 한숨은
세월 흐를수록 바다를 솜이불로 감싼다

역사는 몇 굽이를 돌아도
봄이면 군무 이룬 노랑나비 떼
진실은 묻히지 않는다
-「봄날의 나비 떼」 전문

우리 사회는 커다란 사고가 자주 일어나 경각심을 주

지만, 금세 잊어버리는 불감증 사회가 되어버렸다. 그럼에도 불구하고 나라 전체가 슬픔을 아직까지도 잊지 않고 기억하는 사건이 세월호 침몰 사건이다. 가슴에 노란 나비 모양의 나비 리본을 단 사람을 보면 그날의 비극이 상기된다. 그러므로 화자는 "여러 해 건너뛰고도 길어지는 시간의 그림자/ 밤낮으로 날고 있다"고 한다. 억울하고 비통하게 죽은 자들이 "잠들지 못하는 파도 위에 환상통 같은 행렬들"이 여전히 이어지고 있기 때문이다. 워낙 커다란 죽음이었고, 특히 사상자 대부분이 청춘의 꽃을 피워보지 못한 17살 어린 학생들이었기 때문이다. 날마다 텔레비전 화면에서 울음을 터뜨리며 "저 금단의 바다를 바라"보는 사람들의 표정이 잊히지 않는다. 우리는 그들을 가엾은 나비라고 부른다. 희망과 위로를 의미하는 '노랑'의 색채이미지에 생명성과 영혼을 나타내는 '나비'가 되어 또다시 우리 곁으로 돌아오기를 염원하는 까닭이다. 사람들은 나비 떼처럼 훨훨 날아가 버렸어도 세상은 변하지 않았다. 자식을 잃은 부모는 행여 자식이 돌아올까 봐 "현관 비밀번호 바꾸지" 못하고, 살아남은 자들의 한숨은 깊어만 간다. 이 작품은 세월호 침몰 사건을 재현하지 않고, 사건을 상기시키며 아픔을 같이한다. 그리고 "봄이면 군무 이룬 노랑나비 떼/ 진실은 묻히지 않는다"며 보다 근원적인 사건의 진실을 규명해야 한다는 메시지를 전하고 있다.

세월호 침몰 사건 등 국내적으로는 우리 사회가 갖는

비극성을 노래한 작품들인 데 반해, 「달빛에 별빛에」는 '- 망월동 국립묘역에서'라는 부제가 말해주듯 1980년 정치군인 세력의 욕망에 의해 희생된 광주시민들의 아픔을 노래한 작품이다.

석양이 지상에 내려앉은 별들을 보았다

피 끓어 넘쳤던 신발들 벗겨진 채
어깨 나란히 등을 내리고
둥두렷한 무리로 누워 있다

생전 이야기는 깃털처럼 날리며 모여든
미농지보다 얇지만 질긴 인연들
허공 누비는 바람개비인가
미련도 원망도 없이 더 날고 싶은 꿈 꿀까

젖은 낙엽처럼 닦이지 않는 눈물
후회한 적 없다는 식지 않는 자긍심
한 평 남짓 청사진 위에
고흐의 점묘 같은 별빛 총총 내린다

지네의 잰걸음처럼 어둠은 저만치 가는데
어느 목회자의 기도는 열흘을 넘기며
달 뒤편의 숨은 빛까지 부르는데
묵묵부답의 별꽃들은 얼빠진 꽃이 되었나

- 「달빛에 별빛에」 전문

이 작품은 우리 현대사의 비극적 사건 중 하나인 '광주민중항쟁'의 희생자들이 잠들어 있는 광주 망월동 묘역에서 시적 화자가 그들을 위로하고 함께 아픔을 나누고자 하는 감정을 시종 담담한 문체로 형상화하였다. 광주민중항쟁 이후 쓰인 많은 시편들이 감정에 치우친 것을 우리는 기억한다. 그러나 분노와 절망의 소모적인 감정 소비는 희생자들에게 위로가 되지 못한다. 보다 차분한 어조로 지극히 이성적인 이 작품은 광주민중항쟁의 슬픔과 아픔을 절제하고 있다. "석양이 지상에 내려앉은 별들을 보았다"고 첫 연에서 화자는 묘역의 풍경을 서정적으로 노래한다. 마치 루오의 그림처럼 고요하여 침묵이 흐를 뿐이다. 이어서 "어깨 나란히 등을 내리고/ 둥두렷한 무리로" 하늘의 별들이 지상에서 무리를 지어 누워있다고 화자의 감정을 개입하지 않는 서술방식이 망월동에 깃든 수많은 서사를 강조하는 역할을 한다. "생전 이야기"는 아주 비극적이고 참담하고 위대하고, "깃털처럼 날리며 모여든/ 미농지보다 얇지만" 역사가 되어버린 "질긴 인연들"이라며 역사성을 부여한다. 화자는 죽은 자들의 마음을 "미련도 원망도 없이 더 날고 싶은 꿈 꿀" 것인지를 헤아려본다. 그러나 지상에 내린 별들은 말이 없다. "한 평 남짓 청사진 위에/ 고흐의 점묘 같은 별빛 총총 내"릴뿐 묘역은 침묵뿐이다. 화자는 열흘 넘도록 묘역에 와서 기도하는 어느 목회자의 이야기를 꺼내어 살아있는 자들의 마음을 대신하고 있다.

역사성을 담아낸 홍영숙 시인의 「막대자석 요술」은 “백두대간 쭉 뻗은 철심 같은 등뼈 줄기/ 대대로 애틋한 하나인데 냉한기 몸살이 길다”고 비극적인 민족의 분단 현실을 직시한다. 우리 민족의 이야기는 아니지만 「시애틀 추장의 메아리」에서는 “힘 있는 자들의 야비한 침탈 행위”라고 본래 아메리카의 주인이었던 인디언들의 슬픔의 본질을 드러낸다.

이 밖에 사회 현실을 비판한 「웃자란 아파트의 비상」은 최근 광주에서 일어난 아파트 관련 붕괴 사건들에 대해 말을 아끼지 않는다. “용의 비상은 늘 그럴싸한 꿈”이라며 인간의 욕망을 상징하는 날마다 치솟는 아파트들이 지닌 근원적인 문제를 파헤친다. 아파트가 무너지는 것을 보며 “순간 잔해더미는 먼지로 날”아갔다며 지칠 줄 모르는 욕망의 허무를 해부한다. 그리고 그 이면에 있는 서민들의 허탈함을 “몇 달만 하며 손꼽아오던 아파트 보금자리” “미라의 입술처럼 하얗게 굳는다”고 거대자본의 그늘에 가려진 소시민들의 짓밟힌 꿈을 노래한다.

살펴보았듯이 우리 사회 이면의 그늘을 차분한 목소리로 해부하여 본질적인 문제를 파헤쳐 결과적으로 각성과 성찰의 목소리를 내고 있음을 알 수 있다. 이러한 실천과 용기가 시인의 본분이며 용기가 아닐 수 없다.